龍欽心髓

妙道前行

金剛上師
卓格多傑
著

一個真正修行佛法的人，原來是要經歷一番嚴寒徹骨，
身、語、意三門也必須嚴守清淨的戒行，
方可以抬得起頭來為人家說法度生。
渴望成為密乘的修行者，想即身成佛，要修持的，
最微最細之處，也要至誠地遵守誓句。

金剛上師卓格多傑簡介

卓格多傑仁波切（1955- ），漢族，香港出生。西元一九七九年香港浸會學院（現名浸會大學）畢業，八三年至八九年任香港考試局佛學科目委員。曾多次深入康藏，實地考察藏傳佛教。先後追隨寧瑪派安章珠巴活佛、噶舉派卡露仁波切、格魯派達多活佛學密，得無數灌頂傳經引導。遊學期間，得大藏經對勘局布楚活佛、五明佛學院索達吉、著名漢藏學者劉立千先生、何天慧教授及洛珠迦措先生幫助，搜集及校勘多種珍貴手卷及密續，並在紅教法王晉美彭措支持下，在成都、康定、拉薩和蘭州先後成立翻譯中心，著手翻譯寧瑪心髓派法本及典籍，並以第一手資料從事寫作。

九四年四月，安章珠巴活佛蒞港，委卓格多傑爲定心寺（桑汀曲寧）住持。同年，成立大圓滿佛教中心，以國際性教授及宣揚大圓滿密法。

▲卓格多傑的上師
安章甲色（左）
安章珠巴（右）

▲上師率領比丘進入經堂。

▼上師成就時，以神通將腳印留在石塊上。

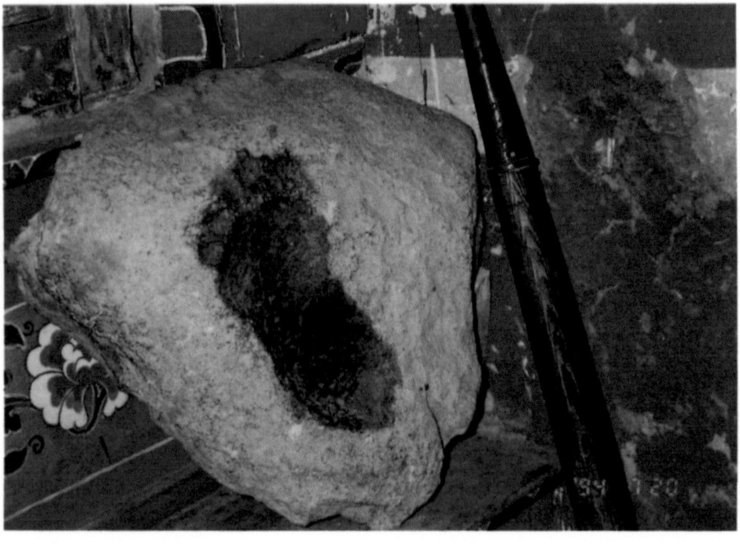

▲左下角黑色犛牛帳爲護法殿的標誌。

▼藏式圖書館。

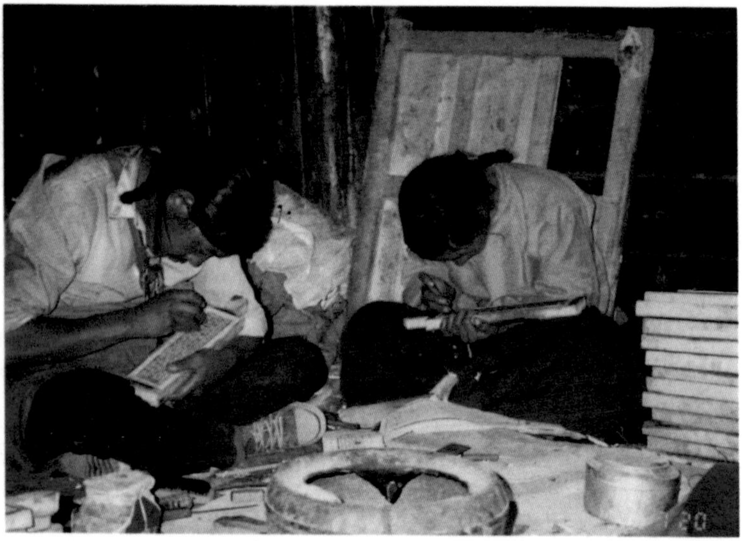

▲藏文法本的木版印製。

▼傳教工程—將藏文經典翻譯成漢文。

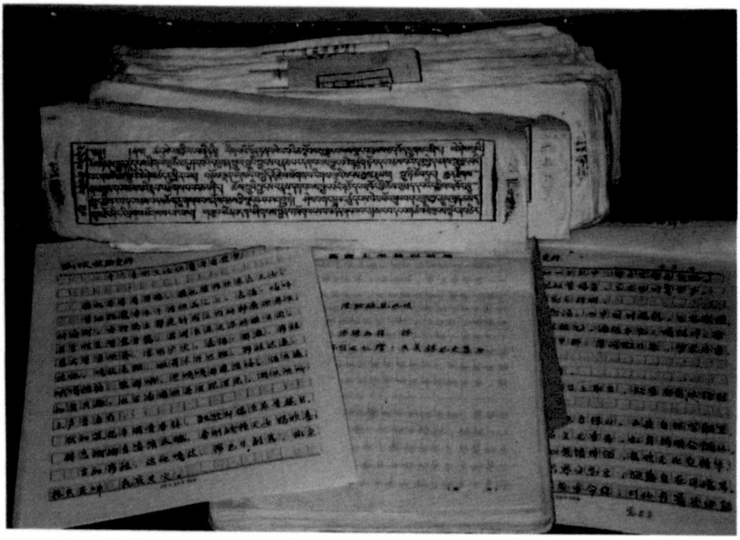

▲藏地風情㈠。

▼藏地風情㈡。

▲藏地風情㈢。

▼藏地風情㈣。

▲靈鷲山講堂。

▼印度那爛陀寺遺跡。

▲八變蓮師藏戲描述蓮花生大士聖蹟。

▼上師與五明佛學院院長索達吉討論佛學。

【目錄】

序

喜見大圓滿研究風漸濃

我在弘揚大圓滿教去工作得到各方大德的實質回應，我感到自己是幸運兒，不是個人孤軍作戰，在密封的斗室中吶喊，呼醒教界對佛陀終極理念大圓滿的關注。不再有陳子昂那份情意結——「念天地之悠悠，獨愴然而涕下」。

書肆裡陸續出現大圓滿的著作，每見到一本新書出版，我感到法喜遍滿，彷彿看到蓮師的國度逐漸降臨世上；我爲每個介紹大圓滿教法的作者祝禱！祈願他們長壽住世，利益群生。

爲此，我依乙亥年夏天恩師活佛單獨向我開示普賢上師言教集的錄音講稿重新編述，並結合《大圓滿龍欽心髓前行念誦簡編遍智妙道》法本，以淺白文字，直接對話的形式，向讀者介紹修習龍欽心髓的入門方向和技巧。

丙子白露，定心寺卓格多傑

I 白雪黃花　開演宗風

⊙聽說安章寺每逢春天雪融時候都講習龍欽心髓一次，青藏高原一帶信徒，此時紛紛從四方風聞而來，各地活佛頭人獻上豐厚的禮品，請求安章寺住持活佛講讀普賢上師所傳下的《龍欽心髓前導文》，並傳授龍欽心髓。上師，可否慈悲爲我們開示。

很好。修龍欽心髓最重要一點就是把修法生活化；哲學點來說，是把「修法」落實於「終極關懷」層面。

修龍欽心髓要把「上師」神聖化、內心化，將上師作為日夜修法的對象。所謂「神聖化」，是將上師觀想成鄔金金剛持（多傑羌）。在寧瑪修行者來說，我們可以沒有佛像作為神聖的代表，但不可沒有上師的照片作為觀想的對象。

⊙把上師觀想成報身的鄔金金剛持，是否顯示要將自己更降格，好使自己對上師、對佛法更謙卑。

錯了，把上師觀想成藍色的鄔金金剛持，自己的身形變成空行母移喜蹉嘉，自己的體性是眾佛之母的金剛亥母。

⊙那是否通過陰陽交織的規律，把上師和自己的關係更加鞏固。

對的，這種觀想是在睡醒一刻進行；換言之，在清醒狀態最原初的時候，就要觀想上師以金剛持的形態，從自己內心沿著中脈慢慢升到頭頂（補充：這時，你要仔細觀想自己內心有八瓣蓮花，上師坐在蓮花座上，上師和蓮花緩慢地沿中脈升到虛空，與對面虛空相合。觀想自己由於無明業由，招感現在輪迴苦果，而在大樂輪上的上師把自己拯救，上師能使自己覺悟，避免六道輪迴）。你可能仍睡眼惺忪，但內心卻是清楚明瞭，上師微笑著搖振小鼓，發出元音、輔音和緣起咒。

這些咒音是：

阿阿・俄俄・烏烏・日日・樂樂・哀哀・哦哦・嗡阿。

嘎喀咖卡昂・札茶炸占娘・作叉湛宅吶・打他達旦拿・巴怕瓦霸痲・亞腊然瓦夏・喀沙哈差。

野達嗎海得砟霸瓦・海燈爹坎・打他噶多・哈亞巴達打・碟坎札藥訥若旦哀・汪瓦德痲・哈夏嘛吶索哈。

跟著念三聲「喇嘛千羅」。第一聲「喇嘛千羅」是指佛、法、僧和上師知道你的一切；第二聲「喇嘛千羅」是三根本——上師、本尊和空行知；第三聲「喇嘛千羅」是上師的法身、報身、化身三身知。

⊙把上師藏在內心，沿著內心與頭頂之間體腔內筆直的中脈，出現在頭頂，是否意味著把上師「內心化」，把上師和自己肉身聯結成一個生命整體？

剛好相反，這個金剛持相狀的上師在龍欽心髓中是劃為外上師，而內上師（藏文稱「南格陽珍・哥威與連」）是指自己的心思（藏音「戰巴」）、明智（藏音「戲因」）和對境不亂（「藏音是「保沃」）。

⊙上師，可否詳細解釋內上師的三層意義。

「心思」是指自己感覺情緒、思想，它是一切基礎，必須穩定，作為一個修行人，自己感覺、情緒、思想，無論行、住、坐、臥都要穩定。「明智」，是指自己的正智及佛的覺悟。第三「對境不亂」，淺俗來說是有規律，將心念安住在澄明安靜的狀態，作為一個修行人，時刻都要保持清醒。

⊙換言之，生活化的修持第一步是在起床時觀想外、內上師，最重要是內在的象徵涵義。跟著我們梳洗完畢，又如何修持？

我們依循佛陀教導七支坐姿，寬坦地坐在安穩座上：眼望鼻尖，鼻觀臍；肩平，舌抵上齶；唇齒置於舒適位置；然後鬆弛；不費力地輕輕呼吸。

⊙七支坐時，我常做不好兩點：身坐得不正直，以及當舌抵上齶時變得很緊張。

腰直，我的經驗是把自己的耳孔與盤骨的骨窩聯成直線；另外，當你面上泛起微笑，自然能放鬆地舌抵上齶。

坐好後便進行九節佛風，先以右手的拇指壓著尾指，餘下三指合攏，就好像童軍敬禮式一樣，把右手的中指壓著右鼻孔，左鼻孔猛吸三口氣，然後左手的印記如右手般，以左手的中指壓著左鼻孔，右鼻孔放出三次白氣，象徵把體內的「瞋」呼出。然後類推地以左手的中指壓著左鼻孔猛吸三口氣，再以右手的中指壓著右鼻孔，左鼻孔放出三次紅氣，象徵把體內的「貪」呼出。然後雙鼻孔猛吸三口氣，再猛力呼出三次黑氣，象徵把體內的「癡」呼出。

⊙這和上師在「般若定」前行的「九節佛風」修法有些不同。

對，這是龍欽心髓的系統。

⊙早晨呼吸清新空氣好像有淨化惡業的作用。

「淨化」是走向成佛必經的途徑。龍欽心髓在早餐餐單上有兩款淨化菜譜：

1. 念「嗡、阿、吽」三次，代表自己體證上師法、報、化三身。
2. 觀想自己舌底出現藏字「㝵」，「㝵」變成火大種，消除一切舌尖的黑業。跟著自己舌頭變成三股金剛杵，金剛杵中間的球體發出三層不同顏色發光的咒鬘，核心是發紅光的元音咒鬘，中層是發白光的輔音咒鬘，外層是發藍光的緣起咒鬘。紅、白、藍光的咒鬘放出強烈耀目的光芒，加持供品，召請十方諸佛降臨道場，接受獻供，供品變成廣大清潔的智慧甘露，諸佛接受供養，內心都很喜歡，便放光聚集在修行者舌頭，清除罪業，修成無以言表的金剛語。

⊙每天清早起床都要這樣觀想嗎？

對，夜間入睡前，在床頭跪下，三拜，念「喇嘛千，鄔金纖波千」，觀想上師從頭頂沿中脈下降至自己內心，心團裂開八瓣，上師進入安住。心團再次整合，上師在心內猶如紅日放光，把自己內心照得明亮，當日如果工作壓力過度、空氣質素差劣而導致心緒不寧，便再觀想腎水上溢至頭，頭腦的熱火下降至腳趾，才安然入睡。

2 人生無常　出離俗世

⊙上師，每天都這樣修持嗎？

是。初入門的修行者還要時刻提醒自己放棄未經佛化的俗世生活：

1. 時刻觀想「無常心」，用來對治自我中心（我執）。
2. 時刻觀想「人身難得，佛法難聞」，用來對治自己的懈怠和邪見。
3. 時刻觀想「輪迴就是沒有自由，被束縛就是苦」，用來對治自己偶然因快樂而產生的假象。

4. 時刻以「普渡衆生」，作爲自己人生的目標。

爲了深化以上四項信念，我建議每天花半句鐘念誦龍欽心髓法本一次，藏音或漢文也可以，但必定要用心念。

⊙上師，我未能掌握「無常心」，請上師具體說明。

粗淺地說，世俗是因緣交織而成，這種因緣交織是常變動的，普通人不能掌握控制這重因緣變動的法則，行爲常因乖離因緣法則而遭受挫折；世俗由是充滿痛苦，祇有通過修持密法，才能把我們引領達致解脫。爲了修持密法達致解脫，我們需要一個人身；或改善預設一個較妥善的修法環境，但密乘修行人或佛子在這階段可能因「無明」而迷失方向，所以我們要常觀想我們的人身，甚至修法的道場都是虛幻。傳統來說，觀想人身是虛幻有三種方法，即是：一，身如影像；二，聲如回音；三，心如虛空中浮雲。觀想自己四周則有十二幻相，就是：幻化的衆生、水中月影、影子、海市蜃樓、夢境、回音、乾闥婆城（幻化出來的城市）、雲、幻覺、彩虹、閃電、水泡與影像。

3 三寶三根　巍巍仰止

⊙按照《龍欽心髓念誦儀軌》，我們要先修皈依。記得我皈依上師時，曾經歷外皈依，皈依上師三寶；內皈依，皈依三根本；和密皈依。請問上師，同樣是皈依佛教為何還有這樣多的分別？

皈依，藏音是「商住」，因應眾生的根器、修行的次第、境界而有很大的分別。皈依佛教正如接受教育要入學辦理註冊手續一樣，讀大學、中學、小學分別要在不同學校註冊；一如我們密皈依、內皈依和外皈依。讀不同類型的學校，例如文法中學、職業先修中學，就好像皈依有因皈依和果皈依，一切密乘有皈依的對象、儀式；龍欽心髓亦有特異的皈依對象。

⊙請上師慈悲區分，使我們皈依時不會摸錯路，走錯方向。

先由皈依者的質素或動機說起。龍欽心髓把皈依者分爲三類：

第一是下士（藏音「先本他瑪」），他們之所以皈依佛教是恐怕來世下墮三惡趣，變成畜牲、餓鬼入地獄，因此希望踏入佛門，仰仗佛陀大力大能來清除惡業，免卻下墮三惡道。

第二是中士（藏音「先本忍」），這類衆生除了希望來世不墮惡道外，還厭倦輪迴，希望得到解脫。

第三種是上士（藏音「仙本注」），這些人不單希望自己得到解脫，還通過終極眞理無我法則，盼望衆人也同樣得到解脫。

此外，密乘的皈依又分外皈依和內皈依，在取得菩提之前，以三寶作爲伴侶是外皈依，即所謂皈依佛、皈依法、皈依僧。

⊙上師，皈依的意義和作用是甚麼？

皈依是所有道路的基石。因爲外皈依，你可得到佛、法、僧三寶的加冕；由於內皈依，你已眞正體證上師、本尊、空行三根本；由於密皈依，你已展現法身、報身和化身。

皈依使你在輪迴的危難中得到保護，皈依是通向所有教法和修行的通道。對皈依者來說，皈依的第一步是生起持久穩定的信心。

⊙佛法中有所謂七聖財——信心、戒律、喜捨、聞解、謙虛、慚愧和智慧，信心是放於首位，足見信心在皈依或修行佛法的前導性和重要性。

那些沒有信念的人，不會有美好善良的行爲，就好像被火燒焦的種子，永遠不能長出新芽。在七聖財中，信心是最大的財富和寶藏，它是我們的雙腿，使我們安穩走上解脫的道途；它是我們的雙手，能收集所有善行果實。

⊙以我修行的經驗，發覺信心在不同的修行階段中有很大差異！

信心本身要經歷三種階段，才漸趨穩定和持久。

第一種比較鮮明、活躍、純粹——當我們在廟宇看到佛像的莊嚴，遇到一位偉大的上師或善知識的諄諄教誨，使我們感受到諸佛的偉大、上師的慈悲，從而激發自身生起信念。

第二種是帶有強制性，渴望得到回報效應的——當我們在知性上知道生命的無常、三惡道的痛苦，聽聞善行會帶來解脫或快樂，於是渴求避免犯下帶來傷害的罪行，因而對善行產生信念。

第三種是深層的、生命化的信心，這類信心使人持久和穩定地修行佛法。當我們通過聞、思、修三個階段修習，明白到三寶、三根本的出世特殊意義和加持力量，使我們內心深處生起確信，了知他們是唯一可靠的皈依處，由是生起徹底的信賴，這種確信能讓所有加持進入你的生命，當你再沒有疑慮，你的希望皆能如願。

⊙上師，是否說發自內心那種深層信念才是眞正的信心。

是。

⊙皈依者的信心與三寶的加持是否成正比？

三寶的大悲和加持是不可思議的，但加持能否在我們生命產生力量，則有賴我們的信念和奉獻。我們沒有信念，縱使有世尊爲師，也祇會落得像提婆達多和闡提比丘一樣的下場，仍然下墮三惡道。

蓮華生大師說：

> 所有對我具備深厚信念的人，我，蓮華生，從未離開他們，我就在他們門前；對於我，沒有死亡這回事。那裡有具信的衆生，那裡就有蓮華生。

西藏流行這樣的故事：古時，有位信佛的老太婆，他的兒子是個外貿商人，時常往來印藏兩地。一天，老太婆對兒子說：「印度的菩提伽耶是佛陀成道的地方，你到那兒經商，順道給我帶回一些佛的舍利，好讓我可以叩拜頂禮！」但世尊的舍利實在很難找到，商人多次到印度也找不著。這天，商人又執拾行裝前赴印度，他的母親態度堅決地說：「這次你還不給我帶回佛陀舍利，讓我頂禮參拜，我祇有死在你跟前。」商人到印度辦妥事務，但仍找不到世尊的舍利，他唯有回家硬著頭皮跟母親交代清楚。快到家門，他又恐怕虔誠的母親因得不到佛舍利而死在自己跟前！

內心忐忑不安的他，赫然發覺地上躺著一具狗屍，人急智生，他從屍骸拔出一顆牙齒，以絲巾包好。回家後，他掏出牙齒向母親說：「這是佛牙，我很不容易從印度請回來，你可向它敬奉禮拜了。」老太婆很高興，相信它眞是佛牙，時刻向它禮拜獻供。如是過了一段日子，那顆狗牙奇蹟地衍生舍利。老太婆捨世時，還有虹光圍繞著他和出現其他成就的跡象。

狗牙根本沒有任何加持，老太婆卻有大信念，以爲它眞是佛陀的牙齒。他深切的確信致使這顆牙齒充滿佛的加持；直至後來，狗牙也轉變與眞正的佛舍利無別。

當你生起信念，上師和三寶的加持便使你迅速生起體證。

⊙我們皈依時，內心是否必定要很純粹？可能我內心應該這樣想：「我誠心皈依三寶，不爲自己享樂，祇純粹追求解脫！」

總括來說有三種皈依的動機：

第一是害怕下墮三惡道的痛苦，皈依三寶來求得人天的快樂。這是最下根器的皈依方式。

第二是覺察輪迴的可怕，希望藉著皈依三寶，使自身達臻涅槃，解脫輪迴。這是中等根器的皈依方式。

第三是不忍眾生在輪迴苦海中受盡折磨，於是發心救度眾生，藉著皈依三寶，安置他們在無上佛果上。這是上等根器的皈依方式。

作為蓮師的追隨者，我們皈依的動機應取後者——希望安置無盡眾生在圓滿佛果上。

⊙當我具備純粹的皈依動機時，我的皈依對象又作何觀想？換言之，我皈依何處？

很好，皈依對象依修行心境不同而有多種變化。最初是皈依三寶——皈依佛作為導師，皈依法作為道路，皈依僧作為善知識。

密乘是皈依三根本，將身、語、意獻給上師作為皈依，以本尊為支柱，以空行為伙伴。

修習光明金剛精髓的皈依對象是皈依於疾速解脫的道路，以特別的脈為化身，控制氣為報身，淨化明點為化身。

大圓滿終極的皈依對象是本初智慧。這種本初智慧必具備三種層面，這三種層面是偉大的並且是不可分割的，分別是本質為空，自然展示為明，大悲是一切遍滿。

⊙我們是否祇以本初智慧作為皈依對象？

不是，三寶、三根本、氣脈明點、本初智慧都是包括於龍欽心髓的皈依境內。

⊙密乘的外皈依是皈依形式上的佛、法、僧嗎？

不是。「皈依佛」是皈依佛的四身（即：化身、大樂報身、眞實法身、本然體性身）和佛的五智（法界體性智、大圓鏡智、平等性智、妙觀察智和成所作智）。「皈依法」，是皈依經論和證悟的結合。「皈依僧」具兩方面的指述，第一是終身進入佛門，不再回到俗世的佛徒；第二是明白一切法理而使自己得到解脫的人。外皈依是密乘、顯乘共同的皈依方法。

⊙內皈依是密乘別於顯教的「另類」皈依？

是。「內皈依」即皈依上師、本尊和空行。上師、本尊和空行是密乘修行的三根本；上師是傳承的根本，能滅除罪障，獲得智慧，與諸佛無二；本尊是成就悉地根本，本尊是由根本法身（藏音「切過」）顯示出來，具足一切成就；空行是加持根本，能在無生法性（藏音「春兒」）中顯示大悲的狀況才是空行，能清除所有障礙。

⊙龍欽心髓除內、外皈依，皈依文所載，皈依的究竟對象是自己。

不對，龍欽心髓皈依對象是自己修成的法身，對象是脈；自己修成的金剛語，對象是風；自己修成的智慧，對象是明點。修行龍欽心髓的佛子要明確知道自己處身的世界就是鄔金國土（或稱「蓮華光淨土」，藏音是「嗶瑪活」），或者是極樂世界（藏音「爹哇珍」）。

⊙我初皈依，上師吩咐我修十萬次大禮拜，修習時要面對皈依境，並有很多觀想，請上師慈悲開示好嗎？

皈依境是我們頂禮崇敬的對象。我們在修法，尤其是修四加行時，要觀想皈依境。先想著你處身的地方是清淨佛土，景物美麗怡人，氣氛愉快和諧。佛土由珍寶砌成，地面如鏡平滑，沒有丘凌、谷穴。

你的前面長了一棵有五大分枝的如意樹，樹葉密茂青翠，花朵和果實長滿枝頭，向四方伸展，佈滿天空，每一分枝和小枝掛著各式各樣令人出神的珠寶和風鈴。

中央的樹幹是傳承上師；首先現出由八隻雪獅承托著寶座，雜色蓮花、日、月輪上的寶座坐著榮耀的根本上師。他是由不可比擬的大悲、三世諸佛的精髓化現而成，他現出鄔金金剛持的形態，在「仁青堆巴」修法中，他把金剛杵高舉，表示調伏五濁惡世眾生。面容白中透紅，一面二臂，二足王者座。右手期克印持五股金剛杵，左手禪定手印持顱器和挾持三叉喀杖噶，盛滿不死智慧甘露的顱器上安立著長壽瓶，瓶頂有如意樹裝飾，他頭戴蓮冠，身穿披風法衣。與他連合一起的是法侶白色空行移喜蹉嘉，他手持鉞刀和顱器。

⊙蓮師的衣飾和法器，都有象徵意義嗎？

蓮冠頂上有半截五鈷金剛杵，杵端有羽毛，代表蓮師已證悟大圓滿心中心境界。

蓮師身穿密袍法衣，依次序是外層的國王袍及紅色法衣，代表圓滿大乘；藍色法衣，代表圓滿小乘；內層爲白色咒衣，代表圓滿密乘。

蓮師手持三叉喀杖噶，杖端的三叉代表已去除貪、瞋、癡三毒；杖上的三個人頭，代表預知過去、現去、未來；人頭之上是一個十字金剛杵，象徵統合時空與智慧。

⊙是否要逐一觀想歷代傳承上師？

一般密續的傳承數之不盡，我們祇要特別觀想大圓滿心髓傳承的主要祖師便可。上師集聚的正中由上而下順序是法身佛普賢王如來、報身金剛薩埵、化身嘉笠多傑、阿睹黎蓮華生大師、空行母移喜蹉嘉、遍智龍欽巴及持明吉美嶺巴。上師集聚的左面由上而下是喜利森哈、布瑪拉米札和大譯師毘盧遮拿。上師集聚的右面由上而下是妙吉祥友、嘉拿蘇札和赤松德贊。

⊙其他四支又應如何觀想?

前想的分支是由賢劫千佛和三世十方諸佛圍繞的世尊，全現化身佛形態，著三法衣，具足三十二相八十種好、具頂髻和足有法輪印記，全部金剛座，有些白、有些黃、紅、綠和藍，無盡光芒從他們的身體發放出來。

右面的分支是以三種姓菩薩文殊、觀音、金剛手爲首，另加彌勒、虛空藏、地藏、除障蓋及普賢的八大菩薩，由全體菩薩僧圍繞，全是白、黃、紅、綠、藍五種身色，雙足站立。

左面的分支是兩位主要的聲聞——舍利弗和目犍連，由眾多聲聞、緣覺僧圍繞，全部白色，穿三法衣，持缽和杖，雙足站立。

後面的分支，則要觀想法寶現成一排排經書。在光芒格架的最上層藏著《大圓滿》的六百四十萬續，這些長長的藏文經書，一頁頁組成一冊，用布包裹，一邊末端有布寫著名稱、標題。每冊的標題都向著自己，並清晰地發出子音和元音咒語。

⊙蓮師左右兩位女侍，一紅一白，請上師開示聖名！

白色是密修痛苦自解脫（觀音儀軌），紅色是容噶大樂佛母。

⊙他們的前面站立一排長滿翅膀的神祇，請問是甚麼？

都是大圓滿心髓派的本尊神祇。由左至右分別是忿怒蓮師、鎮伏閻魔死主、清淨眞實佛陀雙運、意修大吉祥集、普巴鎮伏魔軍、馬頭金剛三界遊戲和獅面佛母。

⊙最前面一層有誒嘉查直、熱呼拉和當金勒巴，這一排應當是護法群。

是，由左至右分別是長壽母、貢波、熱呼拉、誒嘉查直（阿宋瑪）、金剛善（當金勒巴）、屍林佛母和金剛玉燈母。護法，有時是佛或菩薩的化現，有些是大成就者用誓言困縛著的精靈、天神或魔祟。前者稱智慧護法，它們是超脫業力，是出於悲心而行。後者稱業力護法，是由業力連繫以保護佛教。

恩師活佛說男性護法的面向外，意思是防止外在的障礙進入，是保護我們離開修行佛法和成就覺悟的障礙；女性護法的面向內，他們的事業是保持內在成就沒有洩漏。

而本尊群亦有很多是四續的本尊，有出世間本尊和世間本尊。

4 鄔金寶鬘 安章傳承

⦿上師，鄔金大金剛持頭頂有歷代上師，請上師慈悲公開他們的聖名，我們面對魔障、悲苦時，也可依仗他們的聖名，使心靈得到慰藉。

（默然，凝望天空很長時間）好吧！我卓格多傑的上師是安章珠巴二世，對上的是安章甲色、安章珠巴一世、章養清貞旺波、巴祖鄔金織滅始知旺波、鄔金知美渣爲兒垢、多佐知美成列餓色、吉美嶺巴、龍欽巴、恭媽也渣、美龍多傑、哥羅佐佩、隻節生旣安些、哥羅蔣佩、冬媽寧隻、密當晴啇波，跟著是蓮師三大弟子毘盧渣拿、赤松德贊、移喜蹉嘉，再上是蓮師（嗶瑪忠蘭）、布瑪拉米札、嘉拿蘇札、降巴希念、喜利森哈、嘉笠多傑、金剛薩埵，最上就是法身公都啇波（普賢王如來）。

⊙恭聽了歷代傳承上師聖名，我如得重生救贖之感，內心充滿光明。

歷代傳承上師都是成就完美人格、體證宇宙眞諦、依法而行的聖者；更重要的，是他們仍顧念我們這類愚魯衆生，不肯捨棄我們。

⊙上師，在細心觀想皈依境後，我們接著怎樣做？

想到皈依境內的人與物、他們的無量智慧、慈悲和力量，是你唯一的指引。

再觀想自己今生的父親在你右面，母親在左面；自己前面是六道衆生，他們數量衆多，覆蓋地球表面，第一行是由你的仇人、傷害你生命、障礙你修行的人組成。所有衆生與自己一起站立，雙手合掌，以身體表達尊敬，修大禮拜；以語言表達尊敬，念誦皈依文；以意念表達尊敬，生起以下想法：

上師及三寶，無論我是處於順境或逆境、快樂或痛苦、好或壞、有甚麼疾病和痛苦降臨到我身上；我沒有其他皈依或庇佑處，你是我唯一的守護者、唯一的指引者、唯一的庇蔭和我唯一的希望。由現在直至覺悟，我獻上所有的信念和依賴，祇有你，我的上師和三寶，是我的支柱！

懷著熾然的信心，念誦以下經文：

三寶真實善逝三根本，氣脈明點自性菩提心，
本源自性慈悲壇城裡，乃至菩提道場我皈依。

多念這段經文，最好念滿十萬次，使它成為你恆常和最重要的修法。

⊙有需要這樣善待自己的仇敵嗎？

法王龍欽巴有這樣的道歌：

被苦難和痛苦困惱，
我們轉向佛法，並找到解脫之路；
感謝惡力！
當憂傷侵入你的心念，
我們轉向佛法，並找到永恆的快樂，
感謝憂傷！
因魔祟的傷害，
我們轉向佛法，並找到無懼無畏，

感謝鬼怪！
因為人們的憎恨，
我們轉向佛法，並找到功德和快樂，
感謝那些憎恨我們的人！
因為冷酷的逆境，
我們轉向佛法，並找到不變的道路，
感謝逆境！
因為他人的壓力，
我們轉向佛法，並找到真理，
感謝所有追逐我們的人！
我將自己所有功德迴向給你們，報答你們的仁慈！

⊙原來我們修皈依和發心這兩個重要的環節都強調對異己、仇人慈悲，重視他們，利益他們，是有原因的。同時，我想不單仇敵在這生中對自己這般仁慈，

過去世他們也可能是自己的父母；所以，我以後在修法中要重視度化仇敵。

每當我們修法完畢，除了迴向功德外，最好還修片刻等持定，例如念誦皈依文、做大禮拜、觀想皈依境後，便要依次完成以下程序：

觀想因自己熱誠奉獻，使皈依境的本尊神祇發放無數光芒。光芒觸及自己和衆生，就好像鳥群被石塊驅散，全部急促地飛躍並融入雲海的本尊神祇中。然後本尊神祇化光從外而內融入中央的上師，上師頭頂上的祖師亦融入上師之內。慢慢地，上師亦融化並在光芒中消失，儘量在這裡離開虛妄思想，沒有念頭，安住於本初法身狀態。

出定時，將功德迴向衆生：

我今願以此善根，速疾成就三寶身，

令諸衆生一無餘，悉皆安立於此地。

5 皈依誓句　三像修學

⊙皈依不單是儀式，而是終極承諾，除了要永生永世追隨佛陀，把身、語、意獻給上師，還要覆行積極救世的責任。

這是最基本的三昧耶誓戒。皈依的誓戒包括了「三學」、「三修」和「三像」。

「三學」（藏音是「拉沙修」）：皈依佛後，不要再向輪迴中的神祇頂禮，不要以外道神祇如斯華、濕婆作爲皈依對象，不能向他們獻供或頂禮，因為他們自身也未從痛苦輪迴中解脫；也不能向地神或其他具力的世間神靈敬禮。皈依法後，不能加害眾生，甚至連做夢也不可傷害他人，要盡自己最大的努力來保護眾生。皈依僧後，不能與外道、或者是那些不相信佛法的人有任何連繫；那些侮辱和批評自己的上師和教法、毀壞密乘甚深教法的人，亦要視同外道；不能與他們一起。

「三修」（藏音是「捉沙修」）：皈依佛後，對佛、佛像及一切與佛有關的東西，都要放在高處，不能怠慢；代表佛的甚至是破爛塑像的殘片也要尊敬，將它放在自己頭頂，放置在清潔的地方，要有信心，視它為清淨、真正的佛寶。皈依法後，把一切法本，甚至印在法本上的一個文字，都要尊敬，不能使它變成廢紙；將它放在自己頭頂，視它為真正的法寶。皈依僧後，對一切僧侶，象徵著它的東西，甚至是一件黃或紅布，也視它為純淨真正的僧寶，尊敬它，將它放在你的頭頂，將它放在清潔的地方。

「三像」（藏音「昌成巴宋」）：皈依佛後，視你的上師、指導你的善知識爲眞正的佛寶，甚至不能以腳踐踏他們的影子，熱心侍奉和尊敬之。皈依法後把自己上師傳授的法視作法；視你上師每一句說話爲法寶，接受他所說，沒有任何的不服從。皈依僧後視所有衆生、進入佛門、學密法的人、同一上師、同一法門的師兄弟都是僧。視他的侍者、弟子和靈性的友伴是具有僧寶純淨行爲的人，以你的身、語、意來尊敬他們，不能令他們片刻煩擾、不安。

⊙皈依誓戒的本質好像是上師三昧耶戒。

可以這樣說。在密乘，上師是主要的皈依；他的身是僧，他的語是法，他的意是佛；體認他爲三寶甚深、奧妙的統合。視他所有的行爲都是善良，以絕對的信賴來追隨他，時刻向他祈請。謹記任何你所做、所說、所想的事情令他不喜悅，也是離棄整個皈依，任何時間也要盡一切努力令他欣悅。

⊙我常覺得，自己的欣悅，是來自上師三寶的大悲加持。甚至自己在酷熱天氣裡，享受一陣涼風，也是來自佛陀的大悲加持。

誠如寂天在《入菩薩行》中說：

當閃電劃破長空，
它的光芒令隱藏著的黮黑雲層顯露；
由佛陀大悲的力量，
善念迅束地在世界生起。

每當我在報章看到有好人好事，我望出窗外，就覺得這地方仍泛起美善，佛陀的慈眼眷視著這地的衆生。

⊙有些人，尤其是受過高深教育的人會這樣想：皈依祇不過是儀式，反正我們信佛陀，學習他的思想、禪修、做好人，就可以了，不必搞形式皈依。

皈依是界定佛教徒和非佛教徒之間的分別。無論我們修法是如何深奧，若然我們放棄皈依三寶，我們就不再是佛教團體的一份子。

有很多外道也會不犯惡行，精進禪修，修習氣脈，並獲得世間成就；但因爲沒有皈依三寶，他們仍未走上達致解脫之道和不會超脫輪迴。

古時印度有一位在家修行者被一群外道囚禁，外道威脅他說：「假若你捨棄皈依三寶，我們就不殺你；否則，我們便將你處死。」他無懼地回應：「我祇能用我的嘴巴放棄皈依，我永不以我的心這樣做。」於是他們便將他殺了。

我們要學習這殉教的在家人。我再重申一次：

那些皈依佛的人；那些眞正追隨佛陀者，他們不應再向其他神祇皈依。那些皈依聖法的人，不應再有惡念。那些皈依聖僧的人，不應再與外道一起。

⊙我常見上師對佛像、經書、鈴杵的擺放很尊重。其實它們不外是物質，本質是空，與普通物件無異。

佛陀曾對弟子說：「五百年後，我將示現成經文的形態，凡我弟子要視經文等同於我，要徹底尊敬經文。」此後，佛像就是佛身，佛經就是佛語。尤其在五濁惡世，我們意志又不很堅定，就要依仗佛像、佛經的加持，使我們在修行上沒有障礙。鈴和杵是密乘修行人三昧耶信物，金剛杵象徵佛心、五智；鈴則有毘盧遮那佛的佛身，並有佛語的象徵意義。鈴和杵，已具佛的身、語、意準則；而且，在密乘壇城，對鈴杵不敬是很嚴重的過失。

⊙總結來說，修行和誓戒的基本就是皈依。誠心的皈依已種下解脫的種子，更可獲得本尊神祇的保護，所以上師在任何修法、灌頂儀軌必先修皈依。此外，現象界如斯令人迷惑，就算是深感輪迴痛苦的人，自己意念仍容易受騙，行善的心很容易軟化下來，這時行善亦很快轉成惡行，聰明人應清楚知道，沒有比皈

依更有效使我們脫離苦海。

善哉！你很聰明。在修行途中有這種事實：「道高一尺，魔高一丈。」修法愈深奧，魔亦愈奧妙。修行人很容易被世俗生活誘惑，亦會被家庭和朋有所牽制，那些對三寶信念深化的弟子，魔祟藉著逆境和惡力來試探及騷擾他們，使這些徒具形式的皈依者在修行佛法路途上常受障礙，當他們抵擋不住，便摧毀了所有功德。

我奉勸大家要竭力真誠皈依三寶，那麼，抗衡你修行的魔障也會轉成順境，你的功德勢必不斷增長。信賴你具德的上師，誠心念誦皈依文十萬次，你將被帶領進入三寶的關懷內。

6 超越虛妄　願行菩提

⊙皈依後，法本要求我們修發心，請上師開示。

發心（藏音「心薛」）傳統上分兩個導向：發四無量心願（藏音「慢伯成味亦」）和修悲心（藏音「救巴尚謝」）。

一、無量平等（東養成滅）：想到親敵平等，輪迴以來，自己已有很多父母親怨，我們有句俚語：「無債不成父子，無怨不成夫婦。」親怨是沒有固定相，眾生皆平等。

二、無量友善（傷巴成滅）：在身、語、意三方面愛護關懷別人，身體平時不可碰撞別人；語，平時不可出言令人不快；意，平日不可貪求別人的東西，不可懷疑別人。

三、無量悲心（寧結成滅）：如母失其子，見到走入邪路或身處逆境的衆生及魔怨都要生起悲愍心。恩師活佛常對我說：「生起大悲心與證悟是同時出現。」世尊在菩提樹下降伏魔怨時，魔王對世尊佩服得五體投地說：「你的勝利不是以輪、劍、矛等武器而得到，你是以悲心來取得勝利。」

四、無量喜心（嘉華成滅）：消除嫉妒，別人有成就，內心要喜歡。現今佛教徒要特別修養發無量喜心，爲自己趣向菩提、昌盛佛教消除障礙。

⊙請上師簡略解釋慈悲和菩提心的意思。

慈悲，傳統的解釋是：「慈能與樂，悲能拔苦。」又說：「無緣大慈，同體大悲。」其實，「慈」是希望一切衆生快樂的溫柔心；「悲」是希望一切衆生皆得離苦的圓滿心；而菩提心則指一種自然珍惜愛惜衆生生命的心情，並願意以自己成佛作爲手段來度化一切衆生出離輪迴。

⊙視成佛作爲一種「手段」，是否……

成佛不是爲救贖衆生，那樣成就的必不是佛道。

⊙那麼，佛教不就是救度衆生之教嗎？

終極地說，救度衆生使他們達到覺悟，這是佛教的目的；而個人成佛，這祇是救度工作的前行。

⊙菩提心必定在密乘修行中佔很重要位置。

整個密乘的修行，就是完成菩提心。

7 慈悲無量　住平等捨

⊙我們怎樣修鍊菩提心？

首先是訓練自己具備四無量心——慈、悲、喜、捨，其中最重要和基本的是捨。

⊙上師的意思是否先修捨？

我們訓練意志，或進行任何靈性的修行，必先從捨開始。所謂捨是放棄我們對仇敵的憎恨和對朋友的依戀，以平等態度對待所有眾生。

⊙**我曾聽過這個故事：往昔蓮師、赤松德贊和菩提薩埵曾投生於尼泊爾一個低下家庭，他們的母親發願要興建一座佛塔，於是母子四人獨力承擔造塔。一天，赤松德贊工作時，一隻蜜蜂在赤松德贊的頸處螫了一下，他不經意以手掃頸，竟把蜜蜂弄死了。因爲這緣故，蜜蜂今生轉爲赤松德贊的女兒啤瑪秀，他秀外慧中，甚得父親憐愛，可惜十七歲便死去，赤松德贊痛心欲絕。赤松德贊王縱使是文殊菩薩的化身，也因自己過去惡行而生下令自己斷腸的子女，更何況是其他眾生。所以在輪迴業網中，現在被我們視爲仇敵的人肯定前世曾是我們愛護的朋友，曾關懷愛護和給予我們無量的幫助和支持；相反的，那些我們稱爲朋友的必然曾經對抗和傷害我們。**

一位成就者曾這樣說：「他吃了父親的肉，踢開自己的母親；懷抱著自己殺過的仇敵，啃噬親眷的骨頭。我笑看輪迴的影戲。」

現在的敵人，其實是我們前生的父母。事實上，敵人未必有能力傷害我們，那些看似正在傷害我們的人，可能祇會令我們更看清人生，甚至使我們轉向佛法，令我們獲得更大的快樂和利益。對我們的敵人，加以適當的調伏或愛語，攝引他們，很可能還會成爲朋友。

另一方面，我們視爲親密的人，舉例來說，我們的兒女，也會欺詐、爭奪家產，甚至謀殺自己。

縱然我們與自己親近的人相處融洽，但他們面對痛苦和不快時，我們祇會因此而更痛苦、不快；爲了保護自己的朋友、親人，我們作下大量惡行，使我們種下墮入地獄的惡因；我們想眞正修行佛法時，他們又令自己退墮，無法放棄家庭的纏繞，我們祇有將修行佛法押後，以致永遠沉淪。簡單來說，這些「親人」給我們的傷害比所謂「仇敵」更深更廣。

⊙如果我們以捨心來禪修，那麼應該如何觀想？

你把自己不喜歡的人，那些會激起你仇恨和憤怒的人，以各種方法訓練自己不再仇恨他們。首先，在你認識的人中找一些對你來說既不會構成傷害，也不會帶來好處的作爲觀想對象：「他們在無始輪迴過程中，曾經是自己父母。」堅定這種想法，直至確認自己待他們眞的像待現世父母一樣恭敬。最後，你對所有衆生，無論是敵，是友，或陌生人，猶如對你現在父母等同的悲心，你便完成捨的訓練。

⊙上師，捨之後應該修那種無量心？

跟著要修慈無量心。慈能與樂，你要以等同的大慈對待三界中所有衆生。你對他們慈愛就好像父母關懷照顧年幼的兒女一般，作爲父母，不理會兒女的忘恩負義，不顧任何困難，祇會奉獻自己來令子女們快樂、舒適和溫暖。同樣地，佛弟子要將這生及來世的一切行爲、說話、意欲奉獻給衆生，使他們得益和快樂。

每個衆生都本能地爭取快樂和舒適，免受痛苦和不快；他們卻不明白快樂之因是善行，還往往背道而馳趨行十惡；試圖找尋快樂反給自己帶來痛苦憂傷。

⊙我希望自己在任何時間都如經中所說：「無論何時雙眼望著他人，願我是誠實和充滿慈愛的。」

善哉，若你如此，爲師心中很喜悅。此外，你做任何事情，都要溫柔愉悅地做，竭誠幫助而不是傷害別人，所講的說話不應帶有欺瞞、批評或妒忌；儘量令自己的話語都是眞確和令人舒服。更重要的是自己以慈愛待人，並非期望獲得某些好處或回報，不要做僞君子用仁慈的說話和行爲來摶取別人奉你爲菩薩。從自己心底眞誠期望他人快樂，反覆祈求：「願我生生世世永不傷害一個衆生，願我時刻幫助他們。」

⊙其實我想對所有人好。但有些環境，好像我要求下屬嚴謹執行職責，不愉快的情況因而發生……

在自己權力下令人痛苦，絕不是一位成功的上司或者管理層的人員。

在思想、說話和行爲各方面也要時刻仁慈對待下屬、僕人，甚至守門狗。假若你這生因自己的權力和財富而蔑視他人，你將來投生爲他們的僕人來償還業報——傷害他人祇會帶來同類的傷害，祇會給這生及將來製造無盡的痛苦。「傷害」不會長出善和美；沒有人可以從殺戮、偷盜等下賤的事得到財富和快樂，他們最終祇會付出代價和在損人利己的過程中失去自己的一切。

⊙我將效法諸佛以慈眼觀視一切衆生。

我爲你開示無限慈愛的境界吧！

慈愛之境就好像一隻母鳥照顧自己的雛鳥。牠先給幼鳥營造一個柔軟、舒適的巢，用自己的雙翼給予庇護，令牠們溫暖，溫柔地對待和保護牠們，直至牠們成長，有能力覓食，然後讓他們飛走，並默默祝福牠們。你要像這母鳥一樣，學習以思想、說話和行爲仁愛三界的衆生。

⊙請問上師，如何培養悲心？

悲心的修練要通過設身處地的感受。想像一個死囚正被帶到刑場，這個死囚不是別人，正是自己，試問自己在面對死亡時將做些甚麼？無處可逃，無處匿藏，沒有庇蔭，無人保護，沒有逃生的方法；在這一刻，生命一切的東西準備止息，你要捨棄自己最珍愛的身體，逐步走向未知的界域。將被處死刑的囚犯的痛苦應用於自身來訓練自己的悲愍。

或者，你想及一隻被牽到屠夫手上的山羊、該頭山羊不是別人，正是自己年邁的母親。屠夫正要殺死你的母親，你現在怎麼辦？由內心深處感受自己的母親正要經歷的痛苦，你知道自己要做些事情以令母親逃過厄運，譬如向屠夫買下這頭羊；那麼，你內心便能體驗輪迴的痛苦。

現在種種的不幸都是過去犯下惡行的果報，這些可憐的眾生現在仍沉溺於惡行中，自己和親人將無可避免地承受痛苦。自己更淸楚明白除非成佛，才有能力解救自己和六道父母所要面對的殺戮、痛苦。

跟著，想及地獄道、餓鬼道、畜牲道的痛苦，認同他們是自己的父母、或自己，以大悲心來禪修。再觀想三界內衆生，確知祇要虛空尚存，即有衆生；祇要有衆生，就有惡行和痛苦的果報。可憐的衆生，祇困在惡行和痛苦之中，如果要使他們全部離開自己過去行爲的業報，祇有一個方法——將成佛解脫的方法導引他們，使他們成就圓滿佛果，得到永恆的喜樂。

⊙**當我看到動物受苦時，特別能生起悲愍之心。**

跟人類接近的是那些動物。人類對牠們展開無情的濫殺、奴役和各種不人道的對待，簡直可媲美地獄，我們有否想過這些動物所受的痛苦？我們讀原始佛經，未嘗發現世尊騎馬或驢的資料，他和追隨者持杖和托缽徒步向人們懇求施捨，因爲世尊認爲令其他衆生受苦並非他的教法。

⊙事實上，在密乘教法中，我發覺有些地方與悲心相違。

喇嘛和僧人被假定爲最有悲心的人，但在我目前的經驗中，他們比在家衆更令衆生痛苦。一般來說，那些我們稱爲喇嘛和僧人者應該是引領衆生，包括接受皈依和提供幫助；事實上，他們祇會優待那些給予供養的施主，他們修法祇祈求這些施主得到保護，賜給他們灌頂和加持；與此同時，爲了趕逐那些因惡業而投生爲餓鬼和魔祟的，他們憤怒地揮舞手印，喊著「打打殺殺」。

⊙上師的意思是反對我們行驅魔的法事？

魔祟生前作諸多惡業，招感醜惡猙獰的面貌，他們的痛苦和驚慌實已難以想像。因爲他們心中充滿仇恨和敵意，很多死後又再墮入地獄，誰應得到更大的同情？此外，密法儀軌中很多祈請神祇護法辦事的，我提出忠告，如果不是出自慈悲之心，我們不應妄想可以鎮伏他們、役使他們。

⊙密乘儀軌中有些用五肉五甘露來供奉神祇，是否與佛教慈悲相違？

神祇享用的是經諸佛、菩薩加持的智慧甘露。在智慧尊面前獻上鮮肉，猶如要一位母親嚥下自己親生兒子的血肉一樣難受，祇會令智慧尊昏倒。往昔赤松德贊王接受苯波的提議，宰殺牛羊來爲自己祈福，蓮師、布瑪拉米札、靜命和其他譯師極端不悅，便向赤松德贊王說：

一個教法不能有兩位導師；一個宗教不能有兩種修行方法。苯教與佛法法則相反；它的惡毒比世俗的惡行還要差劣，如你容許這種修法，我們便要回家去了。

由此我們得出啓示：假若我們聲稱追隨蓮師的足跡，現在卻像苯波一樣進行血祭，給眾生帶來傷害，它將摧毀三寶和教法的聲譽，將自身和其他信眾推入地獄。

⊙**我願意追隨上師的身教，時刻處於低調，穿衣簡樸，盡一己所能幫助其他眾生。**

你要保任這種悲心，直至悲心成爲你基本一部分。我的恩師曾說：「祇有大悲一項訓練，就能擁有所有佛陀的教法。」

⊙**我記得上師每次叮嚀我們修除障法時，也說這一句話：「沒有一項修行方法能夠好像悲心一樣能淨化我們過去的惡行，清除我們的障礙，祇有悲心才令我們生起殊勝菩提心，以我的經驗，修法時悲心會助成長就。你們要堅忍修習啊！」**

善哉！修悲心的行者時常要心碎。修悲心就好像一位失去手臂的母親，他的親兒失足跌進湍急的河流，正要沒頂。這位母親的痛苦是如何的難以忍受，他很想伸出雙手拯救兒子，他對孩子的愛是如此強烈：「我能夠怎樣做？我可怎樣做？」他唯一的念頭就是找尋搶救孩子的方法，他的心也碎了，一路隨著水流追著兒子痛哭。同樣的，三界眾生都被痛苦之河沖走，無論我們的悲愍怎樣強烈，亦無法拯救他們離開痛苦。我們應該從內心深處呼喚自己上師和三寶給予啟示。

8 隨喜功德　菩提增長

⊙喜的禪修是訓練我們擺脫惡毒的嫉妒念頭。我讀過密勒日巴的傳記，當他努力弘揚佛法，得到成果時，一佛教學者卻因嫉妒而肆意攻擊他。雖然密勒日巴多次向他展示神通，但這自以爲是的人祇以謬見和批評回應，後來這人投生爲一大惡魔。

世尊化度衆生無數，任何類型——貪心、愚癡、瞋恨的衆生，經他指點，就轉化過來。但對嫉妒的提婆達多，他想不出任何方法。

修持喜無量時，首先想起一個自己至親愛的人，想像他擁有一切美好的事物、幸福和快樂。當你穩定地觀想他擁有幸福和快樂時，再觀想對那些與自己無關的人也生起同等的感受，最後集中於所有傷害你的敵人，尤其是那些你妒忌的人，對他們得享種種快樂生起欣慰，最後安住在沒有概念的狀態中。

⊙四無量心是否跟菩提心同義？

菩提心有幾個不同層次的意思。最基本來說，它純粹是要解脫所有衆生；但在較深的層次，菩提心是持明、佛性和內心覺悟的同義詞。

⊙在發菩提心時，是否會因應發願者根器而有不同種類的菩提心？

發菩心端視乎個人的願力，有三種發菩提心的模式：

第一是國王菩提心

猶如國王以武力來調伏反對者、作亂者；以平和、提升來鼓勵支持者；以種種制度作統治的工具，使天下大治。同樣的，首先希望自己成就佛果，然後帶領他人達致佛果。這是國王模式的菩提心。

第二是船夫菩提心

船夫以連同所有乘客一塊兒到達彼岸爲目標；同樣地，期望自身和所有衆生一同成就佛果，便是船夫模式的菩提心。

第三是牧羊人菩提心

牧羊人將羊群驅趕在自己前面，確保牠們找到水、草，又不受野獸侵襲，他們自身緊隨其後；同一道理，期望三界所有衆生早日成就佛果，自己反因照顧他們而遲些成佛，便是牧羊人菩提心。

⊙上師常對我們說：「爲師成不成佛不要緊，最重要的是你們先成佛。」上師採

用的是牧羊人模式的菩提心。

文殊菩薩發的菩提心亦如是。

⊙我讀寂天菩薩的《入菩薩行》提到有願菩提心和行菩提心之分。

以到菩提伽耶朝聖爲例。第一步是動機，打算到菩提伽耶朝聖相應的第一個念頭是：「我要帶領所有衆生達致圓滿佛果的狀態。」這便是願菩提心。跟著是準備簽證、機票和必要用品，出發上路，相應地你要實踐六度——布施、持戒、忍辱、精進、禪定和般若，你要訓練自己如何安置所有衆生於佛果圓滿狀態，這種實踐六度，便是行菩提心。

⊙我在上師的著作《如何修證密法》中，知道有一種「絕對菩提心」。

願和行菩提心都是相對菩提心，祇在佛道五位中的前二位資糧位和加行位發用。到了見道時，因你體證空性，生起超越概念知識的般若，那時候你才生起絕對菩提心。

⊙如果見道時才能生起絕對菩提心，那麼絕非單靠一般儀軌修法可得到。

對，生起絕對菩提心祇能靠禪定的力量。就算發相對菩提心，亦應在上師面前發起誓戒，並按時重申誓戒有助我們不會退墮。

⊙怎樣進行發菩提心的誓戒？

觀想自己面前的虛空有諸佛、菩薩和神祇，他們欣悅地見證你的立誓：

無盡宇宙中的衆生，沒有一個不曾是我們的父母。你們曾經將自己最好的食物和衣服給我，用愛心照顧我；恰如今世的父母一樣。現在，你們都在輪迴苦海中沉淪，泥陷在最黑暗混亂之處，你們不知道應該走進修行的道路，你們需要靈性的朋友、導引者和皈依處。我年邁的母親們，你們好像在茫茫大漠迷路的孤獨瞎子；我又怎忍心獨自求取解脫而將你們留在輪迴之中。為了所有衆生，我將證取無上菩提，學習菩薩大行，盡力空盡衆生。

伙！

種種現見虛妄水月境，輪迴連鎖漂泊苦衆生，

自覺光明法界休息故，今於四無量中我發心。

念畢發願文，觀想自己向資糧田的本尊神祇熱誠奉獻。整個資糧田化爲光芒，從外面開始，最後融入根本上師內；上師化光融入自身，令到皈依境的本尊神祇絕對菩提心在自心生起，念頌：

菩提心妙寶，未生者令生，

已生勿退失，輾轉益增盛。

⊙我修龍欽心髓時往往忽略發菩提心的環節。

所有佛法修行，例如本尊禪修、淨化過犯都不過是令這如意妙寶在心中生起。能使你生起菩提心的上師比給予你其他教示的上師為大。記著，在諸佛、菩薩面前發菩提心而不實踐它，就是欺騙他們，這是極大的罪惡。

9 視彼若己　願轉寶心

⊙怎樣訓練菩提心？

訓練願菩提心有三個階段：

1. 視他人等同自身。
2. 將自身和他人對調。
3. 視他人比自己更重要。

而訓練行菩提心，就是要圓滿六度。

⊙怎樣才能做到視他人等同自身。

虛妄執著自我使我們沉淪輪迴苦海；眞實裡是沒有「我」，但我們卻相信有「我」、有「自己」，我們以「自我」爲唯一關顧的對象。

我們希望常在快樂而永不受苦，甚至祇一刻發生違越自己意願的事情也覺難以忍受。與我們一樣，三界中的衆生都希望得到快樂而遠離痛苦，但是衆生卻不知道快樂是從修十善而來，痛苦是從惡行而感召，他們的希望與自己的行爲是完全背道而馳，以致受盡痛苦。這些受苦的人大多數曾經是我們的父母，既然我們現在修行佛法，知道那些是對，那些是錯，我們以慈無量和捨無量心來面對所有衆生，停止「自我中心」對他們的分別，容忍他們忘恩負義和偏見，以愛心關懷他們，鼓勵他們靈性修行。

你要時刻謹記著你自己所渴求的事物，別人也同樣地需要它，正如你為求自己快樂而努力工作，也應該為他人快樂幸福而努力；你不想自身受半點的痛苦，你亦應避免他人受半點傷害；你會為自己得到幸福和豐盛而喜悅，你亦要從心底為看到別人得到幸福和豐盛而喜悅。

主要的口訣是自己和三界所有眾生無別，你唯一要做的是令每一眾生現在和將來都獲得快樂。

⊙**上師，我將終生奉行這句話：「任何自己希望獲得的東西，別人也同等地需要，我將無限地給予他們。」再懇請上師開示，怎樣將自身和他人對調。**

這是悲無量心的展現。觀想或實在地望著一個受疾病、饑渴或其他痛苦折磨的人，自己呼氣時，觀想將快樂、健康、財富和福德全都給予這個人；然後再將這人的不幸、痛苦吸取過來，使這人離開一切的痛苦和不幸。隨著自己禪觀能力增強，逐漸把這種觀想擴展及所有眾生。

自己有痛苦和逆境時，眞心誠意地憐愍那些受著同樣痛苦的眾生，並希望自己一人承擔以換取別人免受痛苦。

佛陀在本生故事中提及有一世他下墮地獄，與一個卡瑪魯巴一起做不停拉動馬車的苦役，他們羸弱的身軀根本無法拉動馬車，那些無情的守衛便用炙熱的兵器抽打他們。未來的世尊暗想：「反正我們兩人合力也拉不動，兩人受著同樣的痛苦，不如就由我一人承擔，那麼卡瑪魯巴就可鬆一口氣。」於是他乞求守衛：「請你將他的繩帶套在我背上，由我一人來拉罷！」豈料守衛竟勃然大怒：「誰人可阻止他人接受自己行爲的果報！」於是又再猛力抽打他的頭，因爲這個善念，佛陀立刻捨離地獄的果報，命終生天。經過這次，世尊生生世世都做利生事業，不再下墮。

⊙上師，如何修鍊視他人比自己更重要？

我們要知道菩提心是重要的修持，無論除去疾病、痛苦、降魔、除障，沒有比修菩提心來得簡單直接。我們每天要如此觀想：「我在輪迴之中，可能投生地獄，可能受著疾病、貧窮的痛苦，但我會默然承受，並請將他人的痛苦轉加在我身上！願其他衆生得到全部的快樂及善行的功德。」

阿底峽尊者對菩提心很重視，所有噶當派的上師亦因此勤修菩提心，殊不知阿底峽是受其上師彌差育基影響。有一次彌差育基正在聚衆講授佛法，有一個行人走過，用石頭狠力扔擲路旁的一頭小狗。彌差育基痛苦的大叫，並從位上倒下來。在場的人眼見老師與那頭狗毫無關係，心想他必定是假裝，彌差育基以他心通知道他們的想法，於是向他們展示自己背部被石頭擦傷的痕跡清晰可見；最後，每個人都知道彌差育基重視狗兒的生命比自己猶甚，他以自己身體來承受狗兒的痛苦。

在《本生經》中，世尊多生前曾投生名爲「蓮花」的國皇。一年，國內出現嚴重瘟疫，很多子民因此而死去，國皇召集所有醫生查問應付危機的方法。

群醫回說：「祇有用鱸希特魚的肉才可醫治這種疫症，可惜我們國家位處內陸，沒法捉到鱸希特魚。」

次日淸晨，國王沐浴更衣後向三寶獻供、懺罪，熱誠祈請：「當我死去，願我即時投生爲鱸希特魚！」跟著，蓮花王從皇宮高處跳下，他倒斃血泊時，他的願力使他立刻化生成一條會說話的鱸希特魚，牠對民衆說：「我是鱸希特魚，吃下我的肉便可治好疫病。」病者紛從各處來到皇宮吃用魚肉。奇蹟似地，吃盡一邊魚肉時，另一邊卻又長出新嫩的魚肉，這樣輪流的吃著，竟然將所有子民的病治好了。鱸希特魚奄奄一息，乏力地向臣民說道：「我是蓮花，你們的國皇，我放棄自己的生命，投生做鱸希特魚來救治你們。爲了報恩，你們必須不再作惡，盡力行善。」國人報謝感恩，全都行善，自此無人再遭逆難，下墮惡趣。

《本生經》還記載世尊曾投生爲一隻大海龜的故事。一次，一艘載著五百商人的船隻在海中沉沒，海龜游向他們面前說：「快騎在我背上，我載你們到安全的地方！」海龜背著五百商人離開險境，送抵岸邊時，牠累極而睡。八萬隻吸血蠅乘牠睡著而吸吮牠的血，海龜痛得驚醒過來才發覺全身佈滿吸血蠅，牠想唯一的逃生方法是潛入水中，才可倖免於難。但經再三仔細思量，若果潛入水中又會殺死吸血蠅。最後，牠祇是躺著不動將生命獻給了牠們。後來大海龜成佛，那些吸血蠅就成爲聽聞他的教法而體證眞實的八萬位天神。

10 肩荷重擔　菩薩願行

⊙我曾聽過一位大德說：「彌勒菩薩比世尊修行更早，但成佛卻比他遲，這是因爲世尊很多生世都願意犧牲自己生命來救度衆生。」難道成佛一定以鮮血換來？

菩薩六度萬行都要以畢生精力，甚至生命才可圓滿，這就是行菩提心的精髓。

⊙請上師開示六度。

先談布施度吧！布施有財施、法施和無畏施。

財施主要是物質的施與，小如一撮米、茶葉，衹要以純淨動機布施，數量是不重要的。

有些人緊抓著自己的財物和金錢，既不爲此生，也不爲來生而用，無論他們擁有多少，總是感到貧困，猶如在饑荒的餓鬼道邊緣呻吟。遠離這種態度，多行布施，向三寶獻供，布施乞丐。

⊙在密乘儀軌中，很多時向魔祟、精靈施食，這是甚麼意思？

密乘修行中，送食子、多瑪給魔祟、精靈，使他們因聞得氣味而暫時得以滿足，使他們的心靈因佛法而得到解脫，從而不再傷害別人。

⊙在這現代社會，修行者可能因商務或工作關係，放棄自己靈性修行，以巧取豪奪來詐騙積累財富。這是否可獲原諒？

沒有原諒的藉口，當佛法並不依道理而行，佛法本身也足以造成投生惡趣。

⊙譬如世尊捨身飼虎，以身體作布施是否布施？

是，以身體或生命作布施，祇有那些登地菩薩才能做到，因爲他們已證空性，具有廣大和純淨的動機。世俗的人最慷慨也不過將一些很稀有或對自己很珍貴的東西施予他人。

⊙甚麼是法施？

透過灌頂、說法、講經等引導別人進入靈性的修行，這就是法施。

⊙當一個人把自己所學的佛法與別人分享時，這是否法施？

當個人的自私欲念還未消除，而行法施，則不外乎是一齣畫戲。

記得阿底峽的弟子想知道他們何時才可教導他人，利益眾生，或爲剛死去的人舉行頗瓦，阿底峽這樣回覆：

當你已體證空性及生起神通，你可導引衆生：
當你不再想及自己個人的利益，你可以作利生的工作；
當你已進入見道位，你可為死者舉行轉識。

聖者阿底峽說：

這五濁惡世並非誇言的時刻，
它是生起抉擇的時候。
這並非攀登高位的時刻，
它是保持謙卑的時候。
這並非擁有奴僕或徒衆的時刻，
它是獨自隱居的時候。

這並非照顧弟子的時刻，
它是顧及自身的時候。
這並非分析文字的時刻，
它是反省意義的時候。
這並非來來去去的時刻，
它正在你內心的時候。

⊙要體證空性才能弘法，條件是否太苛刻，甚至使佛法不能昌盛。

假的或不及格的上師衹會阻礙正法的弘揚，沒有體證經驗的初基者試圖以佛法來幫助他人是毫無效用的，他的佛法不會獲得任何加持；正如從一個空洞的容器不能傾倒任何東西出來一樣。

那些修行未到家的人亦不能作上師，他的加持衹像將一些東西由一個容器傾注於另一容器之中；他衹有空盡自己才可以塡補他人。他的教示猶如由一手傳至另一手的油燈，假若他將光芒給予他人，自己則留在黑暗之中。

現今五濁惡世，要有足夠的加持力才可利益衆生。及格的上師好像魔術盒一樣，毋須使自己乾涸而能帶領所有衆生達致成熟，他的教示猶如太陽，他人可以得到光芒而自己不須處於黑暗。

⊙現在我未能幫助別人，但很想在修行期間爲衆生做點事。

若自己未能克服煩惱，不必急於弘法利生，倒不如在修法時祈請那些向善的精靈，使他們因聽聞你修法而獲得解脫。修行成就可以通過四攝——布施、愛語、利行、同事來饒益有情，初基修行者將自己修行的功德迴向衆生，功德亦無量。

⊙請上師開示持戒的意義。

持戒包括了避免身、語、意犯上惡行，例如十惡——殺生、偷盜、邪淫、綺語、妄語、惡口、兩舌和貪、瞋、癡；還要積極行善，給他人帶來利益。

⊙「**諸惡莫作，衆善奉行**」。**這正是佛弟子的基本要求**。

在行善止惡的過程中，要時常反省，捨棄至細至微的惡行，做自己能力所及的善行。誠如經文所說：

不要看輕微小的過失，
以為它們不會構成甚麼傷害；
一點小火，亦可燎原。
不要小覷一些微不足道的善行，
認為它們難以給予任何幫助；
小如水點，一滴復一滴，
便成大海汪洋。

II 密乘戒律　森嚴羅列

⊙密乘是否有自己的別解脫戒。

密乘修行人具體的戒律，包含了由低至高層的密續誓句：首先在灌頂時，我們受五方佛種姓的十九種誓言：

一、對毘盧遮那佛的六種誓言：

1. **皈依佛。**

2. **皈依法。**

3. 皈依僧。

4. 遠離惡行。

5. 修善。

6. 利益他人。

二、對阿閦鞞佛的四種誓言：

1. 以金剛杵來提醒自己大樂。

2. 以金剛鈴來提醒自己空性。

3. 生起自身爲本尊。

4. 眞誠倚仗自己的上師。

三、對寶生佛的四項誓言：

1. 給予財施。

2. 給予法施。

3. 給予無畏施。

4. 給予慈愛施。

四、對阿彌陀佛的三項誓言：

1. 倚仗經典的教法。

2. 倚仗事部和行部的密續。

3. 倚仗瑜伽部和無上瑜部的密續。

五、對不空成就佛的二項誓言：

1. 向上師獻供。

2. 努力清淨地守持自己的誓戒。

守持五方佛的誓句時要這樣念誦：

我皈依上師及三寶，
我手持杵和鈴，
生起為本尊並獻供，
我倚仗著經典和密續，
以佛法避免一切惡行，
集合所有善法，
我透過財施、法施、無畏施及慈愛，
來幫助所有輪迴衆生。

⊙除了五方佛的誓句，作爲菩薩的密乘修行者，聽說要守持很多教戒。

首先有十八項菩薩守的根本墮：

1. 自讚譭他。

2. 不行布施。

3. 不接受他人道歉。

4. 捨棄大乘。

5. 偷盜三寶的財物。

6. 拾棄佛法。

7. 取去僧袍。

8. 犯下五逆（弑父、殺母、殺阿羅漢、出佛身血、破和合僧）。。

9. 持邪見。

10. 摧毀城鎮。

11. 向未具根器者講說空性。

12. 令他人放棄大乘。

13. 令他人放棄別解脫戒。

14. 輕視小乘。

15. 以世俗知識概念談論甚深空性。

16. 接受盜自三寶的賊贓。
17. 編訂苛刻規條。
18. 捨棄菩提心。

菩薩有多項支分的戒律：

一、障礙圓滿布施的支分墮：

1. 每天向三寶獻供。
2. 因執著而沉迷世間的歡愉。
3. 不尊重嚴守菩薩戒的人。
4. 不回答他人。
5. 不接受邀請。
6. 不接受禮物。
7. 不將佛法教予那些渴求它的人。

二、障礙圓滿戒律的支分墮：

1. 遺棄那些破戒的人。
2. 不爲別人生起信念而做事。
3. 不做利益別人的事。
4. 不相信菩薩的大悲。
5. 以不正當職業來獲取財富或聲望。
6. 沉迷於輕浮之事。
7. 聲稱菩薩毋須捨棄輪迴。
8. 不避免壞名聲。
9. 不幫助別人離開惡行。

三、障礙忍辱圓滿的支分墮：

1. 爲報復而作傷害別人的事。

2. 有機會也不道歉。
3. 不接受他人道歉。
4. 不努力控制自己的憎恨、憤怒。

四、障礙精進圓滿的支分墮：

1. 出於渴求錢財或聲望而聚集一群追隨者。
2. 不試圖克服懈怠。
3. 出於執著而沉溺於無意思的談話。

五、障礙禪定圓滿的支分墮：

1. 忽略了禪定訓練。
2. 不克服禪定的障礙。
3. 被禪定之境界所控制。

六、障礙智慧圓滿的支分墮：

1. 捨棄小乘。
2. 學習小乘而損害自己大乘的修行。
3. 沒有足夠理由而學習非佛法的課題。
4. 全神貫注於非佛法的課題。
5. 批評其他大乘派別。
6. 自讚譭他。
7. 不努力學習佛法。
8. 寧願倚賴書本亦不倚仗自己的上師。

七、障礙饒益有情的支分墮：

1. 不向有需要的人施予援助。
2. 罔顧病人。

3. 不爲祛除痛苦作些事。
4. 不幫助別人克服壞習慣。
5. 對曾利益自身的人不投桃報李。
6. 不減輕他人的困苦。
7. 不向那些需要慈善救濟的人布施。
8. 不特別照顧弟子。
9. 不依他人的意願而行。
10. 不讚賞別人的善良。
11. 在恰當調伏時候不現憤怒行爲。
12. 不運用神通力來無畏布施。

⊙菩薩行著實太偉大，所有佛弟子依著而行，人間必定美善，教法必定昌隆。請上師開示密乘修行人的誓戒。

一般密乘修行人要先做到八項維持菩提心的誓句：

1. 每天六次記憶菩提心的利益。
2. 每天六次生起菩提心。
3. 不能捨棄任何衆生。
4. 積習福德和智慧。
5. 不要欺瞞自己靈性導師。
6. 不要令別人後悔行善。
7. 不要批評大乘修行人。
8. 不要僞善。

⊙上師早已明示發菩提心的重要，我必謹慎奉行這八項要求。

一般密乘修行人跟著要守十四根本墮：

1. **蔑視或詆譭自己的上師。**

2. 輕視誓戒。

3. 批評自己的金剛兄弟姊妹。

4. 對衆生捨棄慈愛心。

5. 放棄菩提心。

6. 誹謗經典或密續佛法。

7. 向未夠根器的人揭示祕密教法。

8. 不愛惜自己的身體。

9. 疑惑自性清淨法。

10. 依仗邪惡朋友。

11. 不記及空觀。

12. 破毀別人的信念。

13. 不依觀行而修持。

14. 輕視女性。

此外，密乘還有三項支分戒：

1. 要捨棄惡行，尤其是殺生、偷盜、邪淫、妄語、飲酒。
2. 眞誠倚仗自己的上師、尊敬自己的金剛兄弟姊妹。
3. 緊隨大乘理念，避免誹謗天神，避免褻瀆神聖物品。

無上瑜伽續尙有不共的戒律。

12 安忍調心　三輪平等

⊙聽上師說，珠巴活佛常提示要修忍辱波羅蜜。

恩師在開示《龍欽心髓前導文》時，常提醒我：

千劫積習的善行，
無論是對衆生的布施，
或是對聖衆的獻供，

一刻閃現的憤怒足以震碎它們。

他常引用密勒日巴一首道歌來策勵我：

我病時沒有一人慰問，
我死時沒有一人哀悼，
在這隱僻之地獨自死去，
是一位瑜伽士的一切期望。
我門外沒有足印，
內裡沒有血痕，
在這隱僻之地獨自死去，
是一位瑜伽士的一切期望。
沒有人過問我曾到那處，
我沒有特別要到的地方，

在這隱僻之地獨自死去，
是一位瑜伽士的一切期望。
我的屍首腐爛和被蟲蛀食，
我的骨髓被蒼蠅吮乾；
在這隱僻之地獨自死去，
是一位瑜伽士的一切期望。

作爲佛陀心靈的追隨者，基本要點是放棄世俗欲求，忍受物質貧乏、孤獨的環境，任何困難也不能動搖修行的意志。

⊙自古聖賢皆寂寞，依法行更如晨星。能放下一切，退隱深山，眞是最大的忍辱。請上師詳細開示忍辱。

忍辱大致可分耐怨害忍、安受苦忍和諦察法忍。

無論是有人想傷害你、侮辱你、不合理地指控你，祇要你保持冷靜，亦不去報復，你的罪業和障礙很快會成爲過去，在這情況下你仍能生起耐怨害忍，就可積下很大的幸福。上師的名言是：

憎恨仇敵是業力所帶來的虛妄，轉化你仇恨的惡念罷。

要是你眞正追隨佛法，你一切的言行、思想，都要如棉花般輕柔。如你祇做了很少的善行或守持誓戒，已自鳴得意；別人說了一些逆意的話，已怒火沸騰；眞是這樣的話，你已走上與佛法相反的道路，佛法絲毫沒有改變你的內心。

⊙那麼，怎樣才是佛家弟子的行爲？

態度誠懇，衣著優雅；對每一個人，無論是好人、壞人或普通人，都要尊敬；用佛法來馴伏自己的內心，以菩提心的慈悲仁愛作爲自己做人修法的基礎；這是最實用的修法。

⊙上師，那又如何修持安受苦忍？

在五濁惡世修行佛法是要犧牲。恩師曾說：

為佛法承擔苦難的堅忍——為了修行佛法，你要不畏寒暑和一切困難，縱使面對利刃，也要至死追隨佛法。

恩師常以噶當派的信念教導我，我亦奉之爲座右銘：

以佛法作為你心靈的基礎，以誠懇生命作為佛法的基礎，以思念死亡作為誠懇生命的基礎，以孤獨洞穴作為你死亡的基礎。

⊙上師，龍欽心髓的生命格調好像偏於捨棄世俗，違背弘法利生的信念？

愚子，捨棄世俗就是佛法，弘法利生不是要你過世俗生活。我常聽到一些似是實非的說話，例如：「他是一位好喇嘛，知道怎樣將佛法和世俗生活結合起來。」

你要記著佛法怎可與世俗生活結合？那些聲稱把佛法世俗化的人必然過著美好豐裕的世俗生活，但你可以肯定他們並非修習純淨佛法。聲稱自己可以同時修習佛法和過著世俗生活就好像將水和火放在同一容器之內，是根本沒有可能的。請問有那一個世俗人勝過釋迦牟尼佛？他也找不到一面修行佛法，一面過著世間生活的方法，最後他祇能捨家割愛，離開世俗生活，修道證悟。

過去所有的成就者，獲得成就的唯一途徑是以勇氣和苦修來修行，將世俗活動放在一旁。

吉美嶺巴提醒修行人：

當你將自己放在一個舒適地方，有大量食物，温暖衣服，和一位慷慨的施主，對不起，你未成佛前，魔已佔據你的內心。

⊙我願意一生貧窮。我覺得在貧窮時才可應付死亡，這樣做，一切的神、魔和人將不可能帶給我考驗和困難。

善哉！你終於徹悟。安受苦忍還未算眞忍，最後要到「諦察法忍」。你應接受奧妙空性的自然狀態，把成見，尤其對法的執著全部拋棄，不思善惡，超越一切行爲和精進，進入大圓滿狀態。

⊙上師，對尚未揣摩到諦察法忍境界的大多數修行者有何忠告？

對精妙教法及傳授精妙教法的上師，具有衷心的尊敬，至低限度，縱然是因爲自己內心局限而不明白或不感興趣，但也永不要批評。要明記當日世尊說《法華經》時，退席不聽教法的驕慢僧侶的墮落後果。

⊙上師，請你開示精進波羅蜜。

世尊將入涅槃前，給弟子們的遺訓是：「應當精進修行。」他把自己成佛的原因，歸納到精勤不懈的修行。

我們選擇了追隨世尊的足印而修行，亦要效法他的精勤不懈，我們從心底發誓必要貫徹到底，禁欲苦行，承擔重任。修行期間要作好心理準備，即使遇上命難，亦要披上鎧甲精進前行。

⊙其實，我常覺得自己就好像屠夫囊中擒獲的獵物一樣，死亡秒秒逼近。我常幻想自己臥病在床快要死掉時那份無奈、充滿悔意的景象。

善哉！龍欽巴常說：

世俗事務祇有在我們死亡時才會結束，但祇要我們放下它們，它們就會了結——這是它們的特性。

此刻請你立即放棄世俗活動和將自己奉獻於佛法修行。當想到修行佛法，不要有一刻讓懶惰和延誤控制自己，立刻修行，以無常的觀念來策勵自己。

⊙上師吩咐我努力做四加行，我日以繼夜的做大禮拜，念誦經文、積習福德和除障，但上師仍說未夠。

修行人以爲不需要這些東西，其實比以前更需要它們。在你成就佛果之前，你依然要勤修四加行、大禮拜、除障、積習福德和智慧，用來改變過去的習性。你希望獲得成就，那就要發自內心深處的精勤靈性修行，不要覺得自己所做的已很足夠。

吉美嶺巴指示我們：

智慧、力量、財富，也幫不了一個不精勤的人——猶如一位船夫，他船上設備齊全，獨欠船槳，終不能將乘客載到目的地。

13 寬坦安住　靜觀四時

⊙上師，能以一句話來表達如何修禪的口訣嗎？

不首先放棄聲色消遣娛樂無法禪定。

⊙我禪定失敗的原因，很多時候與分散有關，尤其是自己的親友。

佛果是孤伶伶地在我們心內。你要明白親友摯愛，註定要分離；雖然靈性友伴可以支持我們修行，但三、四個或更多的人聚在一起祇會帶來憎恨和依戀，所以修行人必定要獨處，要在靜處獨自修行。

⊙我們活在經濟主導的社會，不賺錢如何過活。

「正命」，從事不違犯戒律和社會法律的職業，賺取可活命的金錢便可以。累積財富、守衛它、試圖令它變得更多祇會令你疲倦，修行人要明白財富會帶來無止的破壞和摧毀。

⊙有了金錢便可以興建佛堂，多做慈善事業，扶貧濟困。

對事物渴求是一切煩惱的來源。我們對自己已有的永不感滿足，得到更多的財富祇會增長自己的貪求。你擁有愈多財富、金錢；你的敵人、欲想吞佔你財產的盜賊愈多，你生命便更危險。你花一生時間來獲取、保護和增長自己的財富也不會滿足，這祇會帶來痛苦和惡行。

⊙我明白一個人縱然擁有全世界的財富和資產，也不能改變自己祇需要一個人基

本所需的食物和衣服。但人有社會性，他需要朋友，需要工作。

眞正的朋友是大家相互策勵行善積德，解脫輪迴。祇將目標限於今生交往的朋友祇屬「幼稚」朋友，你給予幫助，他們不會多謝，反而還傷害你；無論你爲他們做甚麼，他們根本不懂滿足。若果你比他們更富有，他們又會妒忌；比他們貧窮，又會看不起你；你愈在他們身上花時間，祇會倍加自己的惡行和縮減自己的善行，離開這類朋友，或跟他們保持距離。

⊙上師這段訓示使我瞭解到一切俗務是分散的來源，以前的我時常爲這些沒有結果的目標而忙碌，我付出多大的努力也是沒有意思。

對，無論你與敵人競賽或討好朋友，這些活動都是沒有終結的。佛陀和往昔的修行人放棄這些無休止的活動，離開家園，住在遠離人煙之地，不再擔憂自己的衣、食。密勒日巴常在山洞修行，他有一段名言：

在渺無人煙的岩洞中，
我的憂傷沒有減退，
時刻我也思念你——
我的上師，三時之佛。

假若你能跟隨密勒日巴，你將發覺「在一處清涼之地，集中才會生起」。修行道路上一切美好的東西，心境自在，安住清淨，便在你心中自然生起。

⊙**上師，我曾到隱僻叢林進行閉關靜修，我覺得很舒適**。

佛陀和菩薩均以隱僻叢林是得平靜的好地方，那裡沒有令你忙碌的事情，沒有分散，沒有商業，沒有要工作的農田，沒有幼稚的朋友，雀鳥和野鹿都是很輕鬆自在的友伴，泉水和樹葉都是禁欲苦行的美食，覺醒自然清晰和集中自然生起。沒有敵人，沒有朋友，你將遠離憎恨和眷戀的繫縛。在《月燈經》中，佛陀提到單是希望來到這些隱僻之地，並且向它們的方向走七步，比起在無數劫中向十方諸佛獻上恆河沙數的供品還要有意義。

⊙這給我一點啓示：修禪定之前先要放下俗務和找一個寧靜的環境。

禪定的正行分三個階段：

1. 初段：若果你眷戀禪定中的空樂和那份無概念的經驗，並且企圖追尋它，這時你內心便有所冀望，爲你修行塗上牽引的色彩。
2. 中段：當離開對禪定境界種種執著，雖然不再有興奮的主體活動，但仍以空性作爲對治的手段。
3. 高段：處於無分別的禪定狀態。

⊙進行禪定時要注意甚麼？

修習禪定時，有句口訣：

身體直，脈道直；

脈道直，氣直；

氣直，心直。

此外，雙眼要維持適度的張開，不對任何事物執著，安住於平等性中。

14 灦灦般若 智度彼岸

⊙我常聽上師開示，禪定祇是修道的手段，最重要的是圓滿般若。

「般若」是智慧的音譯，瞭解空性的智慧稱「般若」，瞭解空性產生的快樂稱大樂。

傳統上，智慧分三種情況或階段；分別是聞、思和修。

聞所成智慧

聽聞並且明白一位靈性導師所說佛法的意思。

思所成智慧

把上師所教授的佛法，反省分析，以發問形式來建立穩固的思想，光是以爲自己已經瞭解是不足夠的。

修所成智慧

透過修行，沒有錯誤地在自身之內生起自然狀態的眞實體證，從中得見本來面目。

⊙似乎六度最終極就是「修所成智慧」。

從實修得到體證無我，便能沒有局限地行六度。體證無我的人，不會計較今天做了幾多件善事，日常很多事例，都可實踐和整合六度。

例如財施度，對乞丐施飲食，在施予飲食時，施予者和受惠者全部出現，行爲得到圓滿，這就是布施。將自己也會飲用的食物來布施，而不是將已壞或腐爛的食品來布施，這就是持戒。縱然長貧難顧，但一日復一日不停地以資財布施，遇到風雨逆境，都平等無別的布施，這就是忍辱。隨時準備，從不顧慮困倦，這是精進。不讓自身被其他念頭分散，力求布施，這是禪定。瞭解施主與受者，甚至整個布施過程都是沒有實體，進入空性的思惟，這便是「般若」。

⊙六度是大乘的特色，學人多以此判別小乘。

大略而言，布施、持戒、忍辱、精進、禪定可攝爲慈悲，而般若是智慧的流露。大乘人悲智雙運，一方面具備慈悲心懷，另一方面具備參透空性的智慧。小乘與大乘主要的判別，可從《法華經》看到：

若有衆生，內有智性，從佛世尊，聞法信受，慇勤精進，欲速出三界，自求涅槃，是名聲聞乘（小乘之一）。若有衆生，從佛世尊，聞法信受，慇勤精進，求自然慧，樂獨善寂，深知諸法因緣，是名辟支佛乘（小乘之二）。若有衆生，從佛世尊，聞法信受，勤修精進，求一切智、佛智、自然智、無師智，如來知見、力，無所畏，愍念安樂，無量衆生，利益天人，度脫一切，是名大乘。

這三類人都是佛陀的弟子；依從佛陀教誨而修行。但三類人因目標不同，根性各異，所以修行方法、價值取向亦不同。聲聞乘認識到輪迴的可怕，所以特別精勤修行，如果他們要利益衆生，便會拖慢達到涅槃的時間，故祇知自己加功，不理世事。緣覺乘根器比較飄逸，喜歡在孤獨寂靜地方洞悉宇宙眞相，宗法自然規律，亦如聲聞乘一般，祇知個人度化，不關心他人的解脫。大乘不單關心自己，也關懷無量衆生，正因如此，他們在修行道上走的路便較漫長崎嶇，獲得回報，亦是最高的佛境，一切智、佛智、自然智、無師智，如來知見，都是佛的智慧，力是十種佛才具有的神通力量，無所畏是佛內心超凡具有無比的勇氣，所以時刻在五濁惡世，五欲塵境，都能安穩。雖然大乘人走的路較長，遇到的痛苦、困難障礙也比較多，但他們亦通過克服障礙，才鍛鍊出佛力、佛智、佛的慈悲。

⊙**上師，我情願花多些精神解決困難，也要走大乘徹底的道路。**

善哉，若能永世守持菩薩六度精神，便眞爲佛的兒子。佛子密勒日巴把體證六度經驗解說：

圓滿地放棄對自我的執著，
沒有比這更大的布施；
圓滿地放棄所有虛偽，
就沒有其他的持戒；
圓滿地超越對體證真實的恐懼，

則沒有其他的忍辱；
圓滿地超越所有佛行，
則沒有其他的精進；
圓滿地留於不變，
則沒有其他的禪定；
圓滿地體證自然狀態，
則沒有其他的智慧。
圓滿地在一切事情中修行，
就沒有其他方便，
圓滿地征服四魔，
則再沒有其他神力；
圓滿地成就自利利他，
則再沒有進一步的期望；
圓滿地瞭解無明的隱藏源頭，

則再沒有其他俱生的智慧。

⊙甚麼是四魔？

傳統上，四魔是指蘊魔、煩惱魔、死魔和天魔。

⊙上師，修六度要很空靈，請上師慈悲開示多一些守則。

較高層次的守則正如吉美嶺巴所說：

出世間的布施是在滿足中找到，
它的精髓純粹是讓它逝去。
持戒無非令三寶悅樂；
精勤必須時刻支持一切事物；
禪定是以實質現象為本尊的修行；

讓執著和依戀在自身解脫就是智慧。
它的內裡既無思考過程，無思考者；
它非世俗的，它超脫錯誤的信念；
它超越輪迴，它是無上的和平。
不要向每一個人宣講——在自心內保持著它的神聖。

⊙上師，我完全聽不懂。

你再聽阿底峽的指示吧！

已體證「無我」的人是最佳的學者；
已調伏自己內心的是最好的僧人；
以利益他人作為最大的使命是最上佳的生命質素；
時刻觀察內心是最佳的啓示；

瞭解沒有一種事物具有真實性就是最好的藥物；
不與世俗同流合污是最好的生活方式；
逐漸減少惡念和無明就是最好的成就；
逐漸減少欲念是最好的徵象。
不依戀執著是最佳的布施；
平和的內心是最佳的持戒；
處於最低下的位置就是最佳的忍辱；
放棄造作就是最佳的精進；
不變的內心就是最佳的禪定；
不執著任何事物就是最佳的智慧。

⊙上師能否以更短、更直接的方法揭示菩薩道。

前面已提及，六度可歸納爲平等無量的慈悲和體證空性的智慧。大成就者薩華夏在〈證道歌〉中說：

沒有悲心、空觀，
永無法將你引領至無上道路。
但祇靠悲心，你仍留在輪迴，
怎能解脫？
能夠同時具備兩者的人，
就不會住於輪迴或涅槃。

⊙爲甚麼很多宣稱已體證空性的人，我觀察到他們的貪戀、執著和憎恨依然沒有減退？

善哉，以前噶當派仲敦巴亦有相同問題。他的上師阿底峽是這樣回答：

因為他們的體證祇是文字上的，他們若果真正瞭解空性，那些人的想法、語言和行為就會好像棉花般輕柔。寂天大師曾說道：「甚至祇想及東西的本質是空的人，即足以離開輪迴，真正體證空性終極的靈藥。」

⊙仲敦巴和阿底峽大師有否對六度開示?

他們提到圓滿的六度，教示是這樣的：

修道上所有元素都包含在出世間的六度圓滿中。祇要你真正體證空性，便可從執著依戀中超脫出來，你感到內外都沒有奢求、執著或渴望，你時刻具備出世間的布施。當你遠離執著、貪戀，就不會再被惡行玷染，你時刻具備出世間的持戒。沒有「我」和「我所」的概念作怪，你就時刻具備出世間的忍辱。你的心因體證空性而真正喜悅，你時刻具備精進。遠離對事物執實，你沒有分散，時刻具備出世間的禪定。你不會以主體、客體和行為來把事物概念化，時刻具備出世間的智慧。

⊙六度中我最感深刻的是禪定，我們成功修習禪定，體證空性，是否眞的解脫，無懼生死？

我依阿底峽尊者教示所說：一切我們視爲對境，例如色和聲，沒有一樣不是從內心生起，體證內心與空性不可分割的便是觀。時刻將體證保持在內心，不要讓它分散，就是禪定。在這種狀態下，視修行過程中積習福德和智慧資糧爲幻影，就是行。假如你對這樣的修行具有活生生的體驗，它將在你的夢境中延續；假若它在夢境中出現，亦會在死亡的一刻出現；假若它在死亡的一刻出現，它將會在中陰出現；假如它在中陰出現，你就確定獲得無上成就。

⦿多謝上師諄諄教誨。能完成行菩提心和願菩提心，我們的確在修行道路上跨進了一大步。

達波月光童在問及密勒日巴在甚麼情況下才可作指導別人靈性修行的上師時，密勒日巴答說：

有一天當你對自心本性具備清晰明確的觀點，遠離一切疑慮。那時候，你會覺得我，你的上師老父，是一位真正的佛；你自然對衆生感到愛和悲。那就是你開始教導的時候。

外道和佛教本身也有很多知識建構的系統，但外道們不外是散漫的念頭。能夠透過對虛空中一切衆生的關懷慈悲，那份菩提心的透入，將所有美好功德迴向於每一衆生的圓滿覺悟上；最後，體證這些事物的本質爲空，這便是佛教。

⊙多謝上師對發心的啓示，我每次修法都聲稱生起菩提心，但依然未具備它；雖然我已接受菩薩道六種圓滿波羅蜜多的訓練，但我依然自私；請上師加持我，使我在無上菩提心中得到訓練。

善哉。

⊙發心的基本是認識「萬法無常」，發心要由「生命、內心、骨髓」產生，不可流於「口號式」的叫喊。

對，很有見地。內外諸法都是不停流轉，這期生命現象中的一切世俗行爲、財富、名譽，就像水中泡影。雖然自己和衆生都知道要摒棄那些令自己墮落的惡業，卻往往因執著自我而引發貪、瞋、癡、慢、嫉，造作了更多惡業。作爲佛陀心靈的追隨者，如果直至老死也祇曉得交際應酬、斂財；死亡時，這些東西一點也派不上用場。若然你眞的愛護自己的親眷，就應該明白無論怎樣也不可能滿足他們永無窮盡的貪欲，你要使他們認清自己的處境，令他們得到永遠的解脫。

15 白明滿月　多傑森巴

⊙根據法本，發心之後是修金剛薩埵，請問上師，修金剛薩埵有甚麼好處？

金剛薩埵百字明的加持力很大。祇要念一句百字明，最終也可證佛果。換言之，修習金剛薩埵便再沒有除不了的罪障。

⊙請上師開示金剛薩埵實際的修法。

一般密乘的修法，正行時都是觀想自己是本尊，但金剛薩埵則比較特別，我們修正行時視自身依然是現在世俗的形態。

自己頭上一箭高的虛空，有一朵盛開的千瓣白蓮，白蓮上有圓滿月輪。

⊙月輪是否月亮般？

「圓滿月輪」並非指月亮，而是象徵它的徹底圓渾和看來好像農曆十五的滿月一般。月輪上有一白色藏文「吽」字，刹那間，「吽」字轉成自己尊貴的根本上師，他充滿著無可比擬的大悲；他的本質是諸佛的精髓，形態是報身佛金剛薩埵。

⊙報身佛有甚麼可識別的相狀？

報身相主要有十三種裝飾，包括五絲衣和八寶。「五絲衣」分別是束髮帶、上衣、圍巾、腰帶和下衣；而「八寶」是冠、耳環、三條項鏈（包括一條垂頸、一條垂胸、一條垂臍）、手環、臂環和腳鐲。

觀想金剛薩埵抱持白色佛母，他們的身體是空性的展現，他們的身體猶如虛空現起的彩虹潔淨無瑕。

⊙可否觀想金剛薩埵成根本上師？

金剛薩埵本質等同你的大悲根本上師。

憶記自己從無始以來，犯了不可勝數的惡行，更加違犯了戒律，自己深感羞愧，向面前金剛薩埵懺悔以上種種罪行，立誓：「我毫不隱瞞自己內心的罪過，我公開坦白承認做錯，並乞求寬恕，請怙主你大發慈悲垂憐我。我站在這一處，就在這一刻，乞求你淨化我的惡行和障蔽。」

立誓時心內要這樣想：「直到現在為止，我的煩惱和愚癡，令我積累了數不清的罪行。因為我仁慈上師的大悲，我知道甚麼是好，甚麼是壞。以後縱然我賠上性命，也不再做錯事！」

念經文：

呀！
於自平庸頭頂上，白蓮月輪座壇中，
吽現上師金剛心，白明圓滿受用身，
手持鈴杵抱佛母，皈依於你淨罪障，
悔心猛厲發露懺，即遇命難亦防護，
於尊圓滿心月上，吽字周圍咒鬘繞，
念誦咒文字旋轉，佛妃樂受和合間，
甘露菩提心法雲，如冰片沫而降落，
我跟三界有情衆，業及煩惱苦毒因，
病魔罪障與過犯，清淨無餘請成辦。

16 四力懺罪　合掌掬花

⊙這段其實包括了懺罪法中的四力——依止力、對治力、能破力及防護力。

是。接著是觀想金剛薩埵和佛母那種不可分割的連結狀態。有一個如芝麻般大小的日輪，上有幼如髮絲的白色「吽」字。念百字明時，觀想百字明的咒音字種一圈圈地圍著「吽」字，字與字之間很接近，卻沒有觸碰，大悲和智慧甘露從咒鬘字種滴下，甘露透入金剛薩埵身體，從本尊與佛母連結之處流出，穿過你的頭頂，流進你體內。

甘露就像氾濫的河水，自己身體的疾病如膿血般被甘露大水沖走，自己的邪惡力量化成蜘蛛、蠍子、蟾蜍等被甘露大水淹沒、沖起；所有惡行、障礙變成黑汁、塵垢，全被甘露大水從你雙腳的拇指、大小便處、毛孔流出。這時你座下的地面裂開，深邃黑洞中出現死主，他是業大之主，呈紅牛形相，死主周圍都是自己輪迴時的冤親債主，有很多是你欠下業債的男女衆生，他們張開嘴巴，向你舉起雙手，像要向你討還血肉。這時你不要慌張，觀想自己的不淨都送入他們張開的嘴巴內。

最後，觀想死主和各個要你償還血肉的冤親債主，因吃下你的不淨，全都徹底得到滿足。你已清淨過去所有惡行和障礙，死主閉上嘴巴，放下魔爪；大地又再次闔上，你的惡業已償還。

⊙金剛薩埵如果純粹是懺罪法門，未免太狹窄！

與其說金剛薩埵觀誦修法是懺罪，不如說這是一個神效的淨化法門。

當我們懺罪完畢，舊的生命，甚至軀體，得到徹底改變。

地獄之門關閉後，觀想自己的身體內部變得透明，充滿光芒。體內的中脈筆直展示，中脈裡的四輪、支脈如傘骨般向外散出。

臍輪有六十四條輻射式脈道向上轉動；

心輪有八條輻射式脈道向下轉動；

喉間有十六條輻射式脈道向上轉動；

頭頂有三十二條輻射式脈道向下轉動。

觀想甘露又再降臨，從頂輪開始，完全滋潤中脈和四輪，充滿身體，手腳的指頭也滿是白色甘露，具體來形容此刻，自己的身體就像載滿牛奶的水晶瓶。隨著甘露的遍滿，自己獲得四灌：

透過寶瓶灌頂，清淨身業及脈障，得證化身。

透過祕密灌頂，清淨語業及風障，得證報身。
透過智慧灌頂，清淨意業及明點障，得證法身。
透過文句表詮勝義灌頂，清淨諸業及所知障，得證究竟法性身。

此時念誦禱文：

怙主！
因我無知愚昧故，致多違犯三昧耶，
上師怙主請救護，主尊部主金剛持，
是大慈悲大聖哲，我今皈依眾生尊。
猛利發露懺悔，所有違犯身、口、意根本支分三昧耶戒
惡業罪障諸過染，祈請賜予清淨。

念誦禱文的同時，上師金剛薩埵心中欣悅，微笑地應允：「善男

子！汝之罪障過犯，悉皆清淨。」

然後金剛薩埵融入光中，再透入自己身體。自己頃刻轉變成金剛薩埵。這時自己心間的月輪如芝麻莢般，中央站立一藍色「吽」字，「吽」字前面是白色「嗡」字；吽字右面是黃色的「班渣」；「吽」字後面是紅色「薩」字；吽字左面是綠色「埵」字。

17 廣大供雲　悉成佛道

⊙念「嗡班渣薩埵吽」這金剛薩埵心咒，要注意些甚麼？

念金剛薩埵心咒時，要觀想五道光芒，白、黃、紅、綠、藍從各相應字種向上發放。這些光芒的盡頭送出美貌絕倫的供養天女，他們捧著珍貴的供品；如八吉祥、七政寶、千輻金輪、右旋白海螺、幢幡傘蓋等；飛越虛空，到十方淨土奉獻給諸佛、菩薩。諸佛、菩薩把大悲力和加持力透過很多不同顏色的光芒，融入自己身體，自己因此圓滿了智慧和福德資糧，達到無學的解脫成就。最後，觀想無數不同顏色的光芒，從「嗡班渣薩埵吽」五個字種向下發放，光芒照射及六道眾生，淨化他們所有的惡行、障蔽、痛苦和習氣；就如慧日破闇一樣，宇宙變成充滿喜樂的佛土；眾生變成白、黃、紅、綠和藍色的金剛薩埵；他們各自念誦著「嗡班渣薩埵吽」。

透過這個修習，自己便能做到「上求佛道、下化眾生」。努力多念誦咒語。

⊙這大概是生起次第的階段吧？

是，修圓滿次第便要把充滿喜樂的佛土，融入住在裡面的眾生——五佛種姓的金剛薩埵，五佛種姓以五種顏色來象徵。這些本尊逐漸融入光中並透入自身，光芒又融入心間咒輪「嗡」字，「嗡」字融入「班雜」融入「薩」字，「薩」字融入「埵」字、「埵」字融入「吽」字。

⊙以前上師指導咒鬘中央的種子字融化的過程要有先後次序，請問「吽」字怎樣融化？

藏文「吽」字由五部分組成，由上而下是「那打」、「明點」、「半月」、「夏」、「居」；融化過程是「埵」先融入「居」，「居」融入「夏」，「夏」融入「半月」，「半月」融入「明點」，「明點」最後化入「那打」，「那打」就好像彩虹光一樣消失空中。這時沒有概念、形相，進入等持定。

如自己念頭再次開始生起，要確知整個宇宙和住在裡面的眾生都是金剛薩埵的佛土。這時可念迴向文或其他吉祥頌。

⊙我曾聽人說過：「學密宗的人祇有兩條路可走，一是成佛，一是下三惡道。」

這句話表面看來似乎很偏激，但細心想想，這句話內涵很多啓示。如果說話的人是敎敵，那麼他正用恐嚇手法迫你放棄信仰，我們可以等閒視之。相反的，說話者若是密乘修行人，這句話又是他修行的經驗，我們便要好好反省深思。

⊙上師認爲癥結所在是……

密乘的三昧耶戒很難守持。密續所述：「祇要一剎那忘記將自己的身、語、意認同是上師的身、語、意，已是密乘三昧耶的下墮。」此外，密乘的三昧耶是很精細、繁多和難以守持的。阿底峽大師也說過當他踏進密乘之門後，曾一次又一次犯錯。我們是平凡人，對治煩惱的技巧少之又少；我們意志又如此薄弱，欠缺警覺性，犯了三昧耶戒而招致下墮也還懵然不知。

⊙是否修小乘、大乘會好些？

先讓我說清楚，然後才下判斷吧！

修小乘的僧侶，假如犯了一個根本墮，就好像打碎一個瓷器，沒有修補的方法，要下世再重新出家授戒，才可彌補，今生再沒有修行的出路。大乘修行人破毀菩薩戒，就好像破損一件名貴金屬的製成品，這件東西要交給一個熟手工匠，才可修補妥當。對於密乘的誓戒，就好像輕微刮損一件名貴金屬品，你可以用自己的方法，例如懺悔、本尊咒語和禪定來將破戒的惡行淨化。

⊙俚語說：「針沒有兩端鋒利。」便是這原因吧？

所以蓮師吩咐追隨他修習密乘的人，每人至少念二十一遍百字明：而我的傳承祖師巴祖仁波切要求所有接受弟子供養的上師，至少要念誦上千萬次百字明，以淨化自己的障蔽。

18　讚頌妙韻　獻奉三身

⊙上師，您常提醒我們在達致佛果前，每天都要積習福德資糧，向三寶和上師供曼達；每天也要讀誦佛陀言教，積習智慧資糧；是否未完成積福和修慧兩種資糧，便不能成佛。

積集福德和智慧資糧祇是助緣，其實佛果、內心覺醒和法、報、化三身已徹底存於我們自身內，我們毋須在其他地方找尋這本初的覺悟。祇有修習福德和智慧資糧才可把內心覺醒展現出來；正如太陽照亮天空，因爲被雲層遮蔽，便要依靠風來吹散雲層。

⊙我見到上師法座供著一個曼達盆，用金子做的，內裡全是紅珊瑚和綠松石。

每個密乘修行人至少有兩個曼達盆，我也不例外。一個普通的，銅曼達，我拿去鍍金，用白米來修供；另一個我在尼泊爾請來的銀質曼達盆，我亦找人鍍金，供在壇前。

⊙供在壇前的曼達好像刻意分成五堆供品。

中央一堆是代表自己的根本上師，他與鄔金蓮師無異，還代表著大圓滿歷代傳承上師。前面是以世尊爲中心的賢劫千佛；右面是八大菩薩；左面是聲聞和緣覺僧團；後面是法寶。

⊙上師，我常見到您以手腕來拭揩曼達盤，有甚麼意義？

曼達盤要保持清潔，時常清洗，但不是用清潔劑而要像噶當派的上師們用手腕來拭揩。恩師常提醒我噶當派上師日夜以手腕拭擦曼達盤，弄得手皮也爆裂了，他們也繼續的拭擦直至長出了膿瘡，才改用手背來拭抹。現在我祇輕力地用手皮拭抹，曼達盤表面又經加工得平滑。回想往聖，自愧不如。

⊙上師所教的修曼達，是由八思巴大師所編訂的三十七供，我以前曾跟隨別個教派一位上師學習四加行，每次修曼達時，前後兩次都是修三十七供，而中間則可修七供代替。但我跟隨上師修四加行，則規定我們如數修三十七供十萬次，我每天花二至三小時才修到一百次，上師這樣嚴格要求弟子們修福，一定有原因吧！

三十七供簡單易行，新舊派都一致使用這種供法，但依據每一個靈性寶藏，每派可依個別的習慣而行。除三十七供外，龍欽心髓是修習三身曼達的。

⊙怎樣修習三身曼達？

先以左手持著曼達盤的基層，一面念誦頌文：

嗡、阿、吽！

三千世界千百萬剎土，天人財富七寶滿堆積，
我身受用悉皆作供養，願得能轉法輪好機緣，
兜率大樂密嚴剎土上，五具決定五部佛集居，
獻上無量妙欲供養雲，但願住於報身佛剎土，
情器清淨童子寶瓶身，大悲不滅法性為莊嚴，
獻上持身明點清淨剎，但願住於法身佛剎土。

每念一遍，便加上一撮米。

⊙我修三十七供時，手持曼達盤也覺得重，要用力承托著；現在三身曼獻，念一遍祈禱文才加一撮，要承托的重量和時間，比三十七供還辛苦啊！

爲了佛法，以勇氣承擔、忍受困難，這樣修習忍辱和精進波羅蜜，使你獲得更大的福德。

⊙三身曼達是否可與三十七供同時間修習？

可以，你先修一次三十七供，中間隨宜修三身曼達若干遍，最後再修一次三十七供。無論你修任何形式曼達，先記得發菩提心，跟著以三輪體空（無作、作者、所作三者皆不執著）來進行獻供，最後以迴向功德作結。

⊙我會謹記上師的訓勉，無論我修習福慧，抑或淨除障蔽，我不會滲入任何自我中心的渴求。

此外，你還要謹記：積習福德以求生活富有，這對世俗的人本來是無可厚非，但對於以解脫作爲本質的佛法便是一個悲哀。假若你追隨我學法的目的是期望解脫，你必須捨棄世俗所有的執著。

19 除魔贖死　施身瑜伽

⊙在發菩提心的開示中，上師提到四魔，顯教的解釋是與我們死亡有關的四種東西；例如煩惱魔，它是使我們死亡的原因；五蘊魔，它是我們所死的身體生命；死魔，死亡本身；和天魔，使我們無法進入超越死亡之後的平靜。密乘是如何解釋四魔？

密乘的四魔是：

1. 有形之魔：能傷害我們身體和意念的外在事物。

2. 無形之魔：執著、憎厭和迷惑，爲根本的八萬四千種惡念煩惱，它們能招致輪迴中所有的痛苦。

3. 修行慢魔：覺得自己的上師、自己獲得的教法、自己的修行都優勝他人，尤其當修至輕安，有些少神通時最容易有這種態度。

4. 執我魔：它是前面三魔的首領，相信有「我」、「我所」，假若我們擒賊先擒王，先摧毀這個執我魔，其他三魔都會自身摧毀，毋須費力。

⊙原來使我們違犯誓戒，永墮輪迴，萬劫不復的魔，就是「執我魔」，請問上師以何誅法連根消滅這魔？

拿你供養上師，讓上師完成誅供。

⊙上師不是指我的臭皮囊吧！

你的身體現在何處？

⊙（默然）

相信「自我」，便是受魔的愚弄。龍欽心髓祖師移喜蹉嘉化身的瑪璣瑙準，他是大成就者，傳下的「促」「咕沙里」法門能斷除三種魔——很多的魔祟，意思是指概念；有力的魔祟，意思是自我中心；野性的魔祟，意思是念頭。所謂「我」是指概念、念頭和自我中心。

⊙甚麼是「咕沙里」？

「咕沙里」的意思是乞丐。那些出離世俗的瑜伽士，因沒有財物供養諸佛，便利用觀想自己的身體來供養，來積習資糧和智慧。

⊙在這經濟主導的社會，錢財供養不是來得更直接和有效嗎？

割斷對自身的迷戀並將它們作爲供養物，比獻上任何財物更有效；經文提到：

獻上馬和牛，價值較於其他供養百倍；
獻上你的兒子和伴侶是千倍；
獻上你自己的身體是千百倍。

⊙如何積集「咕沙里」資糧？

首先是觀想，如果你修行有一段日子，可先觀想自己的意識直接上升至虛空，剎那變成智慧空行黑忿怒母。如果是初學者，便觀想自己心間有一顆如豌豆大的白明點，現爲憤怒之母，他舞蹈和擺動著，右手高舉空中揮舞鉞刀，左手在心間捧著盛滿鮮血的顱器，嗥叫著的黑豬從他右耳後突出頭來。跟著念「呸」！

⊙爲何念「呸」，而不用其他字？

「呸」是用來斬斷思考概念化的音頻。跟著，智慧空行黑忿怒母從自己的中脈飛起，經頭頂梵穴出來；同一時間，自己的身體變成屍體，一堆一堆的疊起，屍體不以人形出現，而是油脂、脂肪的形態，油脂等同千百萬個世界般廣闊。智慧空行黑忿怒母從這個無生命的軀體額際砍取顱器，顱器頃刻變大如宇宙。黑色忿怒母用左手拾起顱器，並將它放在三個人頭骨組成的腳架上，眉毛向著忿怒母，這個三角架等同須彌山般大小。

跟著黑色忿怒母用右手將整個屍體舉起，投入顱器內。觀想顱器上的虛空有一白色藏文「杭」字，「杭」字是倒轉的，具有甘露的屬性。在顱器下有一紅色短「阿」字，這個短「阿」字猶如阿拉伯數目「1」字，但下截較粗，具備火的屬性。

念「嗡、阿、吽」三咒字，火從「阿」燃燒，煮熱顱器，直至屍體融成沸騰的甘露，泡沫和不淨以浮垢形式流走。蒸氣從甘露生起，接觸「杭」字，使「杭」字發熱。「杭」字慢慢流出紅、白甘露，滴下與顱杯的甘露混成一體。跟著「杭」字融入光中，一併融入甘露。

念誦：

呸！

身體捨棄執受摧天魔，心出頂門趨達到法界，

摧伏死魔變成忿怒母，右手執摧煩惱魔彎刀，

摧斬五蘊之魔切顱蓋，左手以作業狀托顱缽，

置於三身人頭鍋灶上，內裝遍滿大千人屍肉，

用短阿杭字使化甘露，以三字力淨化使增多。

當你重複念「嗡、阿、吽」時，觀想「嗡」字淨化所有五欲的不圓滿甘露，「阿」字令甘露倍數地增長，「吽」字將它轉化成不死智慧甘露。

⊙上師，甚麼是不死智慧甘露？

它是智慧的象徵，能征服死魔；它是極淨無瑕，不受負面不善惡念所染污。不死智慧甘露會現成供養雲海，滿足所有合理的欲求。

⊙諸佛神祇都以不死智慧甘露爲食？

是。觀想自己前面虛空現出八獅寶座，上有絲綢坐墊。自己的根本上師就坐在寶座，他之上有歷代傳承上師。根本上師周圍有本尊圍繞，之下有七十五位護法，既有諸佛變現的智慧護法，亦有經蓮師調伏的具誓護法，還有地方神祇和地主。

護法神祇下面的虛空，便是顱器；顱器之下，滿是六道衆生，多如微塵，尤其是八萬四千造災障魔祟和自己業力的債主。

⊙觀想完畢，供食如何開始？

先是供養顱器以上的賓客，使他們內心喜悅，賜予加持。觀想自己根本上師、歷代傳承上師和所有聚集的諸佛、菩薩，用舌頭吸飲甘露。

⊙諸佛、菩薩的舌頭是怎樣的？

諸佛、菩薩，舌頭像一個空心的半金剛杵飲管，這半金剛杵的舌頭代表不變的智慧身，延伸出一支充滿光芒的飲管，代表他們接受供養的能力。他們飲用過供獻的智慧甘露後，自己便完成積集資糧，超脫障礙，淨化自己破毀的三昧耶和獲得共不共成就。

圍繞著上師的四續，指行、事、瑜伽、無上瑜伽和六續，指行、事、瑜伽、摩訶瑜伽、阿魯瑜伽和阿底瑜伽的本尊神祇，各對應於所屬的五方佛種姓，伸出杵、輪、如意寶、蓮花和劍等不同形狀的空心舌頭，啜飲甘露。結果，自己完成積集資糧，清除障礙，淨化所有違犯的三昧耶，獲得世間的無上成就。

跟著勇士、空行、七十五部護法和具誓護法也透過空洞光芒的舌頭，分享甘露。你完成積集資糧，超脫所有障蔽，所有不利於佛法和修證的障礙和逆緣全被袪除。

⊙如何供奉六道衆生，包括冤親債主和設障魔祟？

有兩種方法，深層的可以觀想自身爲智慧空行黑色忿怒母，從心中發放一群群的作行空行，白、黃、紅、綠和藍色，在陽光中如光點飛舞，並向六道衆生獻上顱器中的不死智慧甘露，滿足衆生的欲求。

低層的可以觀想自身爲智慧空行黑色忿怒母，用自己左手的顱器從大的顱器中撈取不死智慧甘露，並如雨般灑下遍及六道衆生，所有衆生飲用後得到徹底滿足。

⊙這種修行觀想眞是「上求佛道、下化衆生」菩薩精神的體現。

我們還有更深的觀想，從沸騰的甘露生起無盡的供養雲海，將它們獻給「上客」，包括三寶三根的聖衆。供養雲海有種種悅意的東西，八吉祥、七政寶、傘蓋、勝幢、千軸金輪、右旋海螺。結果自己和衆生完成積習資糧和淨除障蔽。

對於「下凡客」的衆生，我們尤其要想及那些歷劫輪迴的債主。我們在過去曾犯殺害，於是有短壽的業債；因爲我們在過去曾傷害別人，於是有招致疾病的業債；因爲我們曾偷盜而招致貧窮的業債；所有這些債主，無論男女，都來食用自己的血肉，攫取自己生命力量。特別要觀想他們圍在顱器，緊張地要獲取自己的血肉，這時觀想自己的血肉在顱器中取之不竭，如雨灑下，令它們各自如願。當他們每人都得到滿足，自己便能從業力中超脫，因爲償還債項，並遠離那些索命的報復者，大家都得到滿足和快樂。又觀想那些老弱殘疾衆生，因爲他們行動遲緩，身體虛弱，肢體傷殘，他們在輪迴中飽受痛苦折磨，供養他們，以不死智慧甘露使他們如願；對於那些沒有庇蔭的，它轉成爲庇蔭；對於那些沒有保護，的它轉成保護者；對於那些沒有支柱的，它轉成友善的幫助；智慧甘露變成醫治疾病的靈藥；變成瞎子的慧眼；智慧甘露使衆生得到滿足，遠離所有業報、痛苦和輪迴中的習氣。

跟著念經文：

呸！

上供地方賓客滿心願，資糧圓滿共不共悉地，
下施輪迴客喜償夙債，特別作損厲鬼皆滿意，
病魔障難自然息法界，逆緣我執普皆粉碎已，
最後所供供境不缺一，自性住大圓滿無生呀！

20　調伏分別　法界願滿

⊙我覺得修「咕沙里」最重要的是菩提心，不必斤斤計較償還業報。

善哉，你得到「咕沙里」的神髓，修此法最忌以暴力壓伏魔怨。很多可憐的「密乘修行人」以為將自己變成憤怒可怖的忿怒尊，瞪大仇恨的眼睛，咬牙切齒，摩拳擦掌，口中喊叫打打殺殺，這便叫「伏魔」；這樣修行佛法，是徹底錯誤。他們的心靈已為惡魔佔據，可能外表看來這些人擁有神通或超自然力量，但時間愈久，他們離開眞正的佛法愈遠。信衆對他們的供養可能堆積如山，但這不過是將來的業債，就算這一些也受用不著，死亡時，他們必墮地獄。創立「咕沙里」法門的瑪璣瑙準早已預言，這些以暴力來伏魔、沒有菩提心的慈愛和悲心，都是假的密乘修法。

瑪璣瑙準解說：

無始以來，魔祟已住於無止息的虛妄和痛苦的漩渦之中，惡行和逆緣如風般牽引他們；死亡時，必然墮下三惡道的最深底層。我以大悲的利鈎抓著這些魔祟，我將自己溫暖的血肉獻給他們。透過菩提心的慈悲，我轉化他們看事物的方法和使他們成為我的徒衆。這些魔祟對我來說是我以大悲利鈎得來的禮物。

⊙其實，魔祟是來自內心而不是外在。

「咕沙里」的修法是斬斷無明和虛妄的根源——對自我的執著。外魔祇是我們虛妄的認知，不斬斷自我中心，一天也不能把魔祟調伏。密勒日巴有一段典型降伏魔祟的故事：某天，密勒日巴見到岩洞中有一個女魔，於是使用神通來鎮伏他，但無論怎樣抽打，對他來說也全無效用；無論怎樣踐踏，亦不能粉碎他；無論怎樣追趕，也不能令他轉往他處。岩石女魔告訴密勒日巴：

假若你不知道魔來於自心，
除了我以外，這裡還有其他魔祟；
你以為猛力咒詛可以降伏我，
但你要知一切魔怨都是前生貪、瞋、癡引生，
豈能用瞋心來降伏。

密勒日巴得到很大的啓示，他說：

視魔為一個魔，它將會傷害你，
知道自己心間的魔，那你才得到自由，
體證魔是空，那你才可摧毀它。
你外表現成害人的魔祟，
對那些不瞭解道理的人，你就是魔，
給他帶來不幸和障礙。
但對那些瞭解道理的人，
縱然你這魔也是神祇。

密勒日巴最後教導佛陀的追隨者降伏魔祟的方法：

我的系統是根斷自我中心的執著，
捨棄八世法——利、衰、毀、譽、稱、譏和苦、樂，
令四魔自慚。

⊙上師，對一個密乘初基修行「咕沙里」的人，你有何忠告？

你要明白現時自己的處境是：

我明白這裡沒有自我，但仍有粗略的我的概念；
我決定出離二分，但仍受到希望和恐懼的困擾。

向諸佛和上師啓請：

加持我和所有跟我一樣受自我操縱的人，
那樣我們才可以體證真實狀態，沒有自我。

在修行道路上，謹記四點：

觀的信心：既非神祇，也非魔祟。
修的要點：既非分散，也非停滯。
行的要旨：既非接受，也非拒絕。
果的要旨：既非希望，也非恐懼。

21 上師如意寶 大慈千輻光

⊙在龍欽心髓的教法中，最重要的核心在於上師瑜伽，因爲上師被視爲佛、法、僧三寶的總集體；同時他是密乘三根本中的傳承根本。

所有密乘修行者，修行先要追隨一位具德上師，服從他，然後修行，承擔巨大艱辛的成佛使命。最後，自己與上師的內心合而爲一，你便承襲傳承。

⊙**為了修行佛法，我覺得最重要是找到一位眞誠熱切於解脫、具合格修行經驗的上師。我服從他每一項指示，從自己心底向他發出最眞誠的祈求，因為我相信上師就是眞正的佛。**

所有快樂都是來自上師的加持，因此你要時刻惦記上師的仁慈。

⊙**我有一位博聞的朋友，對三藏敎法「嫻熟」；我有一位朋友修密乘多年，接受千百個本尊灌頂；但他們仍有很多令人不舒服、不像佛門弟子的言行。**

古代大德常說：

你可能瞭解全部三藏聖典，
欠缺對自己上師的誠信奉獻，
它們對你毫無裨益。

又說：

與其用千萬劫時間來修行百千個本尊法，

更好的莫過於剎那間憶念自己的上師。

⊙大圓滿心髓的傳承尤其重視上師的加持。

對上師誠信奉獻，是大圓滿教法的核心。

在大圓滿心髓傳承之中，若能竭誠奉獻，懷著信念向上師祈請，他的傳承猶如金剛鏈不被破毀三昧耶戒所污染。大圓滿修行人應視自己上師爲眞正的佛，自己祇須向上師祈求，自心便會完全與上師的心融合。因他的加持力轉移到自己身上，歷代傳承祖師的加持力會令自己生起體證。

⊙上師不反對這樣的說話：「積習福慧、淨除障蔽和上師加持，便是證悟般若。」

期望超越概念的內心本質出現，但卻不向上師祈請，猶如在一個幽深山洞等待陽光，心和現象永不融合。

龍欽巴祖師說過：

修一般的生起或圓滿次第，帶來的覺醒，不是在修法本身，而是在於修行者從教法中深化自己。

但是，修上師瑜伽不同，它本身就能喚醒人內在的自然狀態的證悟和帶來解脫。所以在大圓滿教法中，上師瑜伽是所有修行道路中最精妙奧祕的。

上師瑜伽的奉獻式修行是令自己內心生起自然狀態證悟的唯一途徑，沒有任何修法可取代。

印度大成就者那洛巴是位大班智達，他代表佛教在辯論中折服全國外道，在當時印度佛教中享有最高聲譽。一天，一位智慧空行對他說：「你祇懂文字表面，並非瞭解它們的意義，你仍須追隨一位上師。」

依照智慧空行的指示，那洛巴追隨帝洛巴，這位大師級的學生忍受無數次試探。直至有一天，帝洛巴向他說：「雖然我把一切教給你，但你依然未能領悟。」說罷，帝洛巴脫下鞋子，狠狠地抽打那洛巴的前額；那洛巴證悟自然狀態，智慧等同於他的老師。

大圓滿心髓派最重視的是淨相傳承。在淨相傳承中，吉美嶺巴的上師是龍欽巴祖師。吉美嶺巴回憶說：

當我看到第二佛龍欽巴的著作，他照亮我的生命，令我感到他是真正的佛。我竭誠向他祈請，他向我作淨相示現並攝受我，我心內生起任運的證悟。從那天開始，我已指導過百位弟子；精勤的弟子已進展至超越世間的禪境；聰明的弟子已沒有在知識虛妄中迷失——他們證悟終極真實的方法是來自誠信奉獻的力量。

⊙我深信祖師吉美嶺巴的說話，證悟源自誠信奉獻。但為何龍欽心髓系統中把上師瑜伽列為前行。

在九乘教法中，沒有比上師瑜伽更奧妙更美好的道路，它是前行，指導著、加持著入門的密乘弟子，它更是所有正行的終極要點。

⊙請上師開示如何修上師瑜伽。

首先明憶資糧田。

在修上師瑜伽前，轉化你所處身的世界。轉化的過程需要很堅強和開放的心靈，轉化後，自己所見的事物悉是蓮花光宮殿，一切皆圓滿。

觀想自己處於宮殿中央，自己轉化成合適灌頂的法器，生起空樂不二的本智。

然後再觀想自身具備空行移喜蹉嘉的屬性，在形態上現出本尊金剛瑜伽母，全身紅色，一面二臂三目，以渴望的眼神望向蓮師心間。

⊙我們修上師瑜伽，爲何不以弟子與上師身份來修，而要變成本尊？同時我是男性，一時間要我變成女性形態很不習慣。

觀想自身爲本尊令自己超越每天受俗務纏繞的腦袋；在修行經驗上，觀想自己是本尊有助加持進入自身；觀想自己是女性，相應於蓮師是男性的形態，男女形態象徵結合智慧和方便。

⊙我太不像話了，自己修佛那麼多年，仍讓「男性中心」的觀念作祟，困惑自己。

自成金剛瑜伽母，具備移喜蹉嘉的屬性，自己以渴望的眼神望向蓮師心間，這樣象徵著唯一使自己快樂的事是和蓮師心靈相通。自己右手在空中搖振小骨鼓，喚醒無知、愚癡和紛亂沉睡著的衆生；左手安放於腰際，持著斬斷貪、瞋、癡的鉞刀。自己全身赤裸，遍滿骨飾和花蔓。自己雖可見，卻並無實體，猶如照耀天空的彩虹。

在自身金剛瑜伽母頭頂一枝箭的位置，有盛放的千瓣雜色蓮花，上有日輪、月輪，寶座上就是自己的根本上師，他是大悲的寶庫，三時諸佛的化現，外形以蓮師形貌出現。

⊙蓮師的外形是否如前面觀想蓮師〈七支祈請文〉一般。

正是，在這裡我要一提蓮師的三頂法帽。

第一種是他出生時空行所獻上的。蓮師並非由父母所生，而是誕生在鄔金西北方的但拿哥沙湖盛放的蓮花上，他是阿彌陀佛心的示現，他自身是蓮花部的持明，那時空行所獻的是蓮花帽。

第二種是蓮師在八大寒林修習世間事業，超越二分，空行獻上表彰他的偉大的鹿皮風帽。

第三種是沙河國皇阿威薩丹拿獻給他的。國皇因誤解蓮師與女兒孟達拉娃犯淫行，企圖用烈火活生生將蓮師燒死，但卻發現他奇蹟地把烈火變成湖水，並清涼地端坐在蓮花上，國皇嚇得目瞪口呆並求饒皈依。為了表示心悅誠服，國皇送上全套衣帽，並有隨侍、國土和子民。這頂國皇帽有內、外兩層，象徵生起和圓滿次第；它有三點，代表三身；國皇帽由五種顏色組成，代表五身（四種自性身和不變金剛身），為眾生利益而工作；日輪、月輪狀飾，象徵方便教法和智慧；藍邊象徵無限的三昧耶；金剛杵在上，是象徵不動的禪定；一條靈鷲的羽毛，象徵得到最高的證悟和達到修行的頂峰。

⊙原來蓮師所戴的法帽有這麼多的學問。

跟著我們要觀想五色彩虹的虹光透明清澈地圍繞著蓮師。跟著是王臣二十五人、八大持明和無數的忠心護法聖眾。他們的展現使自己的世俗念頭也自動停止。

⊙我看過寧瑪不同的皈依境，上師和雲海勝衆的處身位置很不同。

一般來說，觀想傳承有三種方法：

修皈依時，我們觀想上師一個在另一個上面，所有大圓滿的傳承上師一個接一個地在蓮師之上。

修金剛薩埵時，所有根本和傳承上師全由一個金剛薩埵代表。

修上師瑜伽時，則觀想所有大圓滿傳承的上師、如雲海的三根本和忠誠的護法集成一群圍著蓮師。

跟著念誦經文：

唉瑪伙！
自現任運本淨無量刹，莊嚴圓滿銅色吉祥山，
於中自成金剛瑜伽母，一面二臂紅明持顱刀，
雙足屈伸三目觀虛空，頭頂千層蓮瓣日月上，

總皈依處根本勝上師，無別海生金剛變化身，
膚色紅白具足童子顏，身穿密袍法衣與披風，
一面二臂國王遊戲座，右手執杵左手托顱瓶，
頭戴具足五瓣蓮華冠，左腋挾持空樂殊勝母，
三尖天杖暗持於肘腕，安坐虹霓明點光明間，
外繞五色光網美莊嚴，中有化身王臣二十五，
印藏大德持明與本尊，空行護法具誓如雲佈，
明空大定法爾極明顯。

然後念蓮師〈七支祈請文〉，以極信解哀懇猛利而念誦：

吽！
鄔金聖地西北隅，微妙蓮莖花胚上，
獲得殊勝妙悉地，聖名號曰蓮華生，

衆多空行繞身旁，我今隨尊而修持，
為賜加持請降臨，古魯啤瑪悉地吽。
念誦時，觀想所有神祇和銅色吉祥山蓮華光宮殿變成眞實智慧尊，融入自己觀想的三昧耶尊，合而爲一，猶如水注入水中。

22 崔敦梳爹 隨尊修持

⊙我曾經從一個藏人口中知道，藏區修法的人每天也會修蓮師〈七支祈請文〉，藏文稱〈崔敦梳爹〉。

是的。我每天至少修三遍，經驗告訴我們，蓮師〈七支祈請文〉加持力很強，尤其打著節拍念藏音，誠心禱告，效力最大。

⊙懇請上師開示。

吽！
鄔金姚知祿長三，唓瑪既沙當波啦，
也真促基俄竹列，唓瑪忠尼些蘇得，
哥杜看卓孟波哥，既基遮蘇得竹基，
氈基立車些蘇梳，古魯唓瑪悉地吽。

⊙再懇請上師詳細解釋並開示觀想方法。

〈祈請文〉「吽」字開始，「吽」字是諸佛心智的種子字。

接著是「鄔金姚知祿長三」，意思是「鄔金之地的西北隅」。這土地由四隅四湖圍繞，其中西北方的湖泊就是但拿哥沙湖，那兒是蓮師示現於世的地方。「但拿」意思是「財富」，「哥沙」亦含有「寶庫」之意。

第二句是「唓瑪既沙當波啦」，意思是「在蓮花花莖的蓮蕊上」。

但拿哥沙湖盛開著數之不盡的五色蓮花，蓮師是阿彌陀佛的示現，屬於蓮花語種姓，代表顏色是紅色，所以他示現在湖中紅色花蕊之上。

第三句是「也眞促基俄竹列」，意思是「蓮師已證得無上佛位的殊勝成就，具足三十二相」。蓮師不由業力而生，不由父精母血成形，他本質是阿彌陀佛心間純淨覺醒的示現，光明將紅蓮中央的種子「啥」字轉化，「啥」字轉成具備佛的三十二相八十種好的八歲男童，他在虹光籠罩下示現。十方諸佛降下花雨，佈滿天空的空行和勇士奏起天樂和旋律優美的讚歌。

第四句是「啤瑪忠尼些蘇得」，意思是「著名的蓮花降誕者」，以「啤瑪忠尼」爲名而顯揚。

第五句是「哥杜看卓孟波哥」，意思是「蓮師周圍有無數空行圍繞」。無論蓮師在何處示現，他揭示及解釋密乘教法時，空行因具大智慧，知道講授的都是殊勝法門，便時常圍繞著蓮師，聽他說法。

第六句是「既基遮蘇得竹基」，意思是「我追隨你身後修行，追隨你的足印，我自身也將可成就」。現在我們受無明業惑，在虛妄和痛苦中無助地輪迴，困局的唯一出路是追隨蓮師實踐密乘的甚深教示。

第七句是「匭基立車些蘇梳」，意思是「請降臨和賜予我加持」。爲了清除無明，達致無上體證，我們懇求蓮師降臨和賜予加持。因我們的懇求而得到蓮師身、語、意的加持，達到無上成就。

最後以「古魯啤瑪悉地吽」作結。「古魯」，梵文文義解作厚重、殊勝，譯成藏語是「喇嘛」，漢語是「上師」。表示上師是承著厚重美好的傳承屬性。蓮師是三時諸佛的智悲慈愛和大能的甚深徹底結合體；所以他圓滿具備無數覺悟的屬性。「啤瑪」梵文文義是「蓮花」，這裡是指蓮師的尊號。阿彌陀是蓮花語的部主，作爲阿彌陀佛的示現，蓮師屬於蓮花語，他自身是蓮花部的持明。「悉地」是指眞正成就；「吽」是諸佛佛意的種子字；我們說「悉地吽」是懇求蓮師賜予我們所有世間和出世間的成就。

⊙蓮師〈七支祈請文〉在密乘修行位置好像很超然。

傳統上，我們修法前往往先念誦此蓮師〈七支祈請文〉，祈請蓮師降臨加持。根據伏藏師古魯秋旺掘出伏藏〈崔敦梳爹〉蓮師〈七支祈請文〉前言說：

以後有緣弟子如果請我護佑，應到清靜之地，想及世間無常，由是產生厭離。專心皈依我，並作如是思惟：「鄔仗那具足一切護佑、希望，無論痛苦與快樂，上師悉知。」

後記又說：

誠心祈請念誦，令渴慕之心、哀求之心生起，甚至熱淚盈眶。這時具信的弟子要安住於此明明了了之境。我，蓮華生必護持這位心子，他必成為諸佛之子。除定力堅固，智慧增長；由於本覺心受到加持，大灌頂使他自然成熟，事業成就，並且行化化人，除世痛苦。

這七句〈祈請文〉具備特殊的加持力，極之深奧，不可思議，故為意之最深伏藏，祕密教授。願具大智大悲的法自在者能修習。

⊙歷史上有沒有修這蓮師〈七支祈請文〉成就的例子。

昔日佛教班智達與外道在菩提伽耶辯論，看情形佛教徒快要輸了。那晚很多班智達都做了同樣一個夢：夢中有一年老的空行母指示他們，如果請得金剛顱鬘力出手相助，佛教必定得到最後勝利。金剛顱鬘力居於大寒林，離開菩提伽耶很遠，祇要班智達誠心修持蓮師〈七支祈請文〉，時間和空間不會構成阻力，金剛顱鬘力定然降臨。

金剛顱鬘力就是蓮師其中一個變相。翌日，他們依從空行的指示，在寺院屋頂擺設供品，誠心念誦蓮師〈七支祈請文〉，蓮師果然在空中出現，坐在班智達群中，以超凡智慧及徹悟教義擊破外道。外道在辯論中敗下陣來，轉向佛教徒施放毒咒；在獅母空行幫助下，蓮師以雷電反擊，調伏異教，度化眾多外道進入佛門。

⊙上師要我們修滿四加行，其中上師瑜伽要修十萬遍的蓮師〈七支祈請文〉，請問上師，念誦時需要觀想嗎？

觀想自己是金剛瑜伽母，這裡的金剛瑜伽母是諸佛之母，一面二臂雙足，身體是光耀的紅色，明亮透澈；身體不由四大例如血、肉和骨骼構成，是由虹光組成，清澈煥然。三隻眼睛充滿奉獻誠意凝眸蓮師，眼神恰如愛戀中的男女，面上流露著遇到上師的喜悅。他兩唇略張，露出牙齒，給他平和的面相添上一點憤怒。他以舞蹈狀站立，右足屈曲，右踝略提，像要向前踏步一樣；左足平踏，站在蓮花、日輪、月輪和死屍上。他右手持鉞刀，舉向天空，象徵斬斷自我和貪、瞋、癡三毒；左手持盛滿甘露的顱蓋；左臂挾持三尖天杖，象徵隱藏著的蓮師。八種骨飾（分別是冠、耳環、三種項鏈、臂鐲、踝飾和腰帶）莊嚴；象徵把八識轉成智慧；穿著象徵五智的五種絲質衣飾。

觀想自己是金剛瑜伽母的同時，有一位跟自己同一模樣的金剛瑜伽母從天而降；在他的頭頂上是印度八大持明、蓮師二十五弟子、如雲海的空行、勇士、上師、本尊和護法。這時，從天而降的神祇各自融入自身的位置，我們不能有半點懷疑，確信自己頭上確是蓮師，他確實給予我們最好的加持。

第一個蓮師稱爲三昧耶尊，從天上降臨的稱智慧尊。智慧尊融入三昧耶尊，猶如將奶傾注入水中，水乳交融後，再無法分離。同樣，如果我們誠心觀想蓮師降臨在自己頭頂，那麼，慈悲與智慧的加持力，必定比以前更強烈和廣大。

23　七支供養　勵力加行

⊙我讀過上師《如何修證密法》一書，知道上師很重視七支供養。在修上師瑜伽時，是否仍很重要？

對，七支供養在上師瑜伽生起次第階段，是不可缺少的部分。

⊙請上師慈悲開示。

七支供養分別是大禮拜、供養、懺悔、隨喜功德、請轉法輪、請佛住世和迴向功德。

大禮拜時，觀想蓮師智慧尊降臨，他就眞實地站在我們面前，自身發放微塵般無數的身體，我們連同所有衆生，開始向蓮師大禮拜和唱頌讚文。

禮拜前要先站好，合掌成一朵將要開放的蓮花形狀；將手放於前額，說道：「我向諸佛頂禮，淸除身障。」接著將手放在喉間說道：「我向諸佛頂禮，淸除語障。」將手放在心間說道：「我向諸佛頂禮，淸除意障。」然後我們進行大禮拜，整個身軀俯伏地上，前額、雙手手肘和雙膝，合共五點著地，說道：「我向五方佛頂禮，請將我們貪、瞋、癡、慢、嫉轉成佛陀的妙觀察智、法界體性智、大圓鏡智、平等性智和成所作智。」

起來時，雙手在地上向後滑，並發願自身承擔衆生的一切痛苦。

⊙是否必須先修大禮拜？我一面修其他的法，一方面補做大禮拜，可行嗎？

在蓮師前請你謙卑，眞誠的謙卑是接觸蓮師的唯一途徑。不要讓傲慢在我們修行道上築起城堡，現在立即放下工作，走到佛像面前進行大禮拜吧！

專心做大禮拜，努力保持淸晰的觀想，審察頌文的意義，注意自己身體平衡，不要扭傷，可以對著鏡子檢視自己的姿勢和威儀。

⊙我不再爲自己製造藉口，我願意在聖者面前放下自我和虛妄的尊嚴。請上師開示獻供。

「獻供」在獻曼達時已提過，我再提醒一點，必定要做三十七供十萬次；還有，龍欽心髓所提出「普賢雲海供」是很貼近眞實的獻供方式。要觀想自身爲普賢菩薩，從自心間發出千道光芒，每一道光芒盡頭化成普賢，每位普賢手中捧著令人心悅的供品，例如鮮花、雀鳥、動物，甚至現代大都會的東西，也可獻上；每位普賢心間又放出千道光芒，每道光芒盡頭又現出普賢，手捧供品。如是反覆以上觀想，直至廣大虛空完全充滿供品。

⊙上師常說懺悔時情緒不能激動，最好在禪定狀態，至少是在心情平靜時才懺悔，至今弟子尚不明所以？

在因果法則的運作中，惡業祇有在面對廣大明澈的法身覺醒時，才會停止連鎖式的運作。通常懺悔要具備四力才算完成。

第一是依止力

觀想蓮師，他是我們懺悔的對象；他是我們淸淨罪障力量的支柱。

第二對治力

對犯下的錯事眞誠後悔和痛心，最好這樣想：「因爲自己過去無數次生命重複犯下惡行，業力將使我投生畜牲、餓鬼和地獄。此外，惡行令我不能達到覺悟！」

第三是淨化力（能破力）

因自己誠心懺悔而感召蓮師，他全身流出甘露放光；甘露和光芒融入自己體內，清除和淨化自己的惡業，自己的肉身變得和水晶一樣清澈，與地球恆久長存。這時，蓮師清晰地出現，展露笑顏說：「你的障蔽已經全部淨除！」跟著蓮師滾成光團進入自己體內；這時花五分鐘安住於與蓮師意念合一的狀態。

第四是守誓力（防護力）

經過誠心懺悔和淨化後，就是堅持信念，不再重蹈覆轍，犯同樣的惡行。

⊙除了蓮師體內甘露融入自己肉身可以淨化罪障外，還有其他淨化罪障的方式

嗎？

龍欽心髓中還有另一種修習口訣：觀想自己身、語、意的惡行化成黑色物質聚集舌尖；然後，蓮師的身體發出光芒，觸及自己的舌尖，把不淨的黑色物質融化。融化的情形，就好像晨曦太陽把凝結在草上的露水蒸發一樣，任何惡行的後果皆被清洗。

⊙剛才上師說過懺悔最好在面對廣大明澈的法身時進行，這有何根據？

存在的眞貌是離開二分，包括一切行爲，善或惡，淨與染，都是一樣。當我們體證空性的同時，亦遠離我們俱生的障蔽，這些障蔽是使我們對現象產生錯覺，將它分成淨與不淨；其實現象的本質祇有空性、明淨。所以，終極徹底的懺悔方式，是向明澈無限的虛空法身懺悔。

⊙請上師開示隨喜功德的意思。

表面的文義是看到別人行善，覺得比自己更偉大更徹底，內心充滿喜悅。

善行是個人的意願，不是競爭；競爭式的善行祇會徒具形式，流於表面化，流於沽名釣譽。假若我們見到別人比自己更慷慨供養行善，內心便感到不安和厭煩，這是不對的。

「隨喜功德」是別人的善行是我們喜悅之源。我們會因上師解說佛法、利益眾生、興建寺院而喜悅；我們會因看到專心修習生起和圓滿次第的瑜伽士而喜悅；我們會因看到別人精嚴地守持戒律而喜悅。這都是隨喜。

⊙**上師，掛在經堂前的世尊唐卡旁有兩位天神，一位捧著法輪，一位捧著海螺，誠心向世尊奉獻。**

這兩位都是極高級的天神，捧著千輻金輪的是梵天，捧著右旋海螺的是帝釋。傳說世尊在菩提樹下成道，梵天和帝釋知道唯有佛陀說法，眾生才可離開黑暗，於是分別獻上金輪和海螺，請佛轉動法輪。因此世上有令眾生袪除無明的佛陀教法，梵天、帝釋居功至偉。同樣，我們要觀想自身化成菩薩、神祇向上師獻上海螺、法輪、財寶，懇請上師爲利益眾生而轉動法輪。

⊙接著的是祈請安住好像與世尊行誼有關。

世尊入滅，有弟子周那請佛多住世三月。我們在修法前，亦要祈求上師安住世上，直至輪迴空盡。

⊙七支供養最後是迴向功德，其實我們修習佛法，任何法本最後都是把功德迴向給眾生。

迴向功德主要的精神，是要我們體認三輪體空——作者、所作、作的對象，都不能執實；作爲修行者的我們、修行過程、修行得到的功德，都不能執實。迴向功德時，要這樣想：「願無盡的眾生利用我這份功德，作爲達到覺悟的基礎；願所有衆生脫離三惡道，處身於解脫大道上。」能給予功德的自己、功德迴向的過程與及接受功德的衆生，都不能執實，一定要擺脫回報的冀望。

⊙法本跟著是修習七支供養，上師早已開示。

我要補充一些說明：

1. 大禮拜時，雙手合十，形狀是快要開放的蓮蕊，掌心留有空間。雙手完全緊靠或中間不留空位是不正確的；或者祇將指尖貼著也是不對的。

2. 獻供時要效法普賢菩薩；在請佛不入涅槃時，要想像自己是居士周那；在迴向功德時，要想像自己是文殊菩薩。

24 領受四灌　轉化法器

⊙〈七支供養祈請文〉是否需要多念？

〈七支供養祈請文〉不妨多念，念時做大禮拜，功德殊勝。跟著是祈請領受灌頂，這部分是轉化自己內心，達致四金剛性的成就。經淨化後的脈是金剛身，淨化的氣是金剛語，淨化的心是金剛心，淨化的性是金剛智慧。轉成金剛身能證化身；成金剛語能證報身；成金剛心能證法身；成金剛智慧能證法性身。

在這個環節，自己要思及上師，他是榮耀的守護者，具備忿怒尊的性質。世人祇須看見、聽聞、觸及或思念他已能種下解脫的種子，因爲上師的事業等同諸佛。上師寶對自己來說，他的仁慈比諸佛更偉大，他能使你即生建立金剛持明。他已進入成熟和甚深的解脫狀態；他的悲智深如大海，他的意志穩固如須彌山；他就是如意寶，祇要向他祈請，自己所追求的成就毋須費力就能生起。

自己要淌下熱切奉獻之淚，以身心不可動搖之信解恭敬猛利地想著：「我完全倚賴上師寶，我將一切希望交付給你，我將自身交付給你。」然後念〈祈請文〉：

至尊蓮華大師寶，你是一切諸佛陀，
大悲加持所積聚，衆有情之惟一怙，
身及受用肺心胸，無餘觀待供獻你，
從今乃至證菩提，苦樂善惡榮辱等，

至尊蓮師請垂知。

然後集中精神念蓮師心咒一串珠。跟著又念上述〈祈請文〉：

至尊蓮華大師寶，你是一切諸佛陀，
大悲加持所積聚，衆有情之惟一怙，
身及受用肺心胸，無餘觀待供獻你，
從今乃至證菩提，苦樂善惡榮辱等，
至尊蓮師請垂知，我無餘處可希求，
於今濁世衆有情，沉溺苦難泥潭中，
請拔救吧摩訶師，賜四灌頂加持師，
賜證果吧慈悲師，淨二障吧持咒師。

25 紅暖慈光　圓滿次第

⊙這和坊間法本有所不同。

藏地有句諺語：「一個喇嘛一個法本。」尤其是金剛乘密法，法本內容先後次序都隨派別傳承不同，而有些少差異。

跟著開始進行四灌：觀想上師眉間「嗡」字，如水晶般明亮，發放光芒透入自己頭頂，淨化自己三種身業——殺生、偷盜和邪淫，並因此而淨除自己脈道障蔽，觀想成就化身的潛力在自身之內建立。

字種「阿」字，如燦爛的紅寶石一樣，在上師喉間發放光芒進入自己喉間，淨化自己四種語業——說謊、爭吵、尖酸刻薄、無聊的說話，並因而淨除自己氣的障蔽，觀想成就報身的潛力在自身之內建立：

如天空深藍色的「吽」字在上師心間發放光芒進入自心，淨除三種意業——貪、瞋和癡，並因而淨化自己明點的障蔽，觀想成就法身的潛力在自身之內建立。

從上師心中的「吽」字出現第二個「吽」字，猶如流星一般迅速與自心完全結合，淨化一切業力，並因而淸除知識的障蔽，觀想成就極果法性身的潛力已在自身結合。

將自己心念完全和上師結合，安住這個狀態。結束修法時誠心和熱切渴望地念誦：

何時命終捨壽時，自現妙拂吉祥山，

雙運化身淨土上，身成金剛瑜伽母，
化作明亮光一團，融入至尊蓮華生，
大無別中證佛果，大樂空性所幻化，
廣大智慧遊戲境，三界有情無餘渡，
於彼殊勝大導師，蓮華生處得救拔，
我以誠心作啓請，並非憑口說空言，
請自內心賜加持，使我心意得成辦。

蓮師微笑，雙眼充滿大悲，從他的心間放出一束紅暖光芒，它觸及自己的一剎那自己依然是金剛瑜伽母的形態，自己轉成一粒豆般大小的紅光團，如火花般融入蓮師心內，安住在這個狀態。

出定後，視一切存在事物都是上師的化現，念誦迴向文：

具德根本大寶師，安住我心蓮臺上，

以大恩德垂攝受，廣賜身語意悉地，
具德上師一切行，剎那不生邪分別，
善見勝解師所作，願師加持住心間，
生生不離勝上師，妙法吉祥受用具，
地道功德大圓滿，願速證得菩提位。

念畢，繼續念傳承祈請讚：

唉瑪伙！
遠離偏執平等剎土上，原始佛陀法身大普賢，
報身水月遊戲金剛心，化身相滿極喜金剛前，
啓請加持賜授予灌頂，室利僧達勝義妙法藏，
健白希寧大轉九乘輪，加那蘇札班欽比瑪拉，
啓請垂教顯示解脫道，瞻部唯一莊嚴蓮華生，

心傳殊勝弟子王臣伴，精通伏藏經海龍欽師，
語令空行部衆吉美嶺，啓請賜與果證令解脫，
密法之主絳曲多吉師，得道大師久美佛陀芽，
殊勝化身明居南喀參，衆位利他無量佛子前，
啓請顯示教理真面目。
以三有從出離大厭心，如目依於金剛義利師，
依法奉行修持甚深道，了無反覆恆心不轉移，
心印密意加持願降臨，情器世出世間密嚴剎，
神咒法身清淨圓熟果，不勞斷證取捨大圓滿，
超越正念思量所覺音，法性裸露現前願得見，
性相分別解脫虹光管，身及明點證境益增長，
覺心純熟進詣報身剎，法盡離想境界證成佛，
願得永固童子寶瓶身。
勤修至深瑜伽不精通，粗身也未證入空明界，

若適壽命終結臨死時，死亡顯現本淨光法身，
中陰顯現圓滿受用身，澈卻脫噶道用圓滿後，
猶如兒投母懷願解脫。
優越要數大密光明乘，成佛別處不求法身面，
未於原始初地得現證，可依無修五佛殊勝道，
於自性變五佛之刹土，特別蓮華光明宮殿中，
持明大海主尊鄔金王，大密法宴聚會創立地，
親為上首弟子往生已，願成利樂無邊衆生者，
持明佛陀海衆所加持，法界不可思議真諦力，
暇滿人身圓熟淨三具，緣起現前願證成佛果。

⊙上師瑜伽眞是深奧祕密，世上難得的成就儀軌。

修上師瑜伽不單是坐在蒲團上修習，自己走路時，觀想在自己右肩上

的虛空，並觀想自己向他周行。坐下時，觀想他在自己的頭頂，接受你的祈禱。進食時，觀想他在自己的喉嚨，並向他獻上第一份食物。入睡時，觀想他在自己心中。

簡單來說，任何時候、任何情況，也要生起敬信，確信自己就在銅色吉祥山，透過視自己所見的一切東西爲上師的形態來淨化自己。

無論生病、遇到惡力的障礙、逆緣，不要祇求擺脫它們，想到這些逆緣、障礙是你大悲的上師用以消除自己過去的惡行。任何的快樂、舒適的享受，不要自傲或興奮，它們亦是上師的大悲。

26 心印持明 口耳傳承

⊙我想上師開示有關於傳承的問題，寧瑪有三種傳承，分別是法王的心印傳承、持明的表示傳承和補特迦羅的口耳傳承。上師慈悲，請依傳承祈請讚爲我們逐一開示。

善哉，既然你有所請求，我亦樂於說明。

首先是法王的心印傳承：無始以來，普賢王如來已得覺悟，因爲他無盡的大悲，以神通力展現於五方佛淨土，並給予教法。普賢王如來無教而教，不須利用語言文字來傳遞教義，而是從本覺頓然發放大悲的自然和清淨，他的弟子們毫無錯誤地將這些絕對教法的眞諦在自身中實現，他們的自在和證悟屬性與自己合一。

對那些欠缺善緣來瞭解這種傳承的衆生，普賢王如來展現各種形態在宇宙不可勝數的世界中教導利益衆生，以最合適的法門來指引他們。在南瞻部洲，釋迦牟尼佛爲衆生轉動法輪，包括了聲聞乘、緣覺乘、菩薩乘和三外密乘，事、行、瑜伽等。

第二個是持明的表示傳承：釋迦牟尼佛入滅時，他預言了無上密乘教義的來臨：

當我離開這世界二十八年後，
教法的無上精髓，
在三界中得到擁護，
將會在南瞻部洲的東方，

稱為國王「渣」的地方教授。
有吉祥徵兆在前，
在瑪拉雅山頂，
金剛手將會教導它，
給予天、藥叉、羅剎、龍、人和友伴，
給予蘭卡王及其他。

佛陀預言後便進入涅槃，無上的內三瑜伽——生起、圓滿次第和大圓滿已如他所說紛紛出現。

⊙內三瑜伽是否指摩訶瑜伽、阿魯瑜伽和阿底瑜伽？

是。我先說摩訶瑜伽的傳承。

佛陀入滅後二十八年，國王渣在夢中獲得吉祥徵兆，又在皇宮頂上發現了大量珍貴密續，以吠琉璃字寫在金紙上，還有一尊腕尺高的金剛手塑像。他不斷祈請，終能瞭解〈金剛薩埵視象〉一章。他依著修持六個月，並以金剛手聖像禪修，終於得見金剛薩埵的示現，並加持國王渣完全瞭解這些經文的含義，由那時開始教法逐漸弘傳出來。

⊙那樣阿魯瑜伽的傳承因緣怎樣？

同一時間，楞伽洲瑪拉雅山頂，五位持明知道釋迦世尊入滅的消息，於是一同聚集於瑪拉雅山念誦二十三首《哀歌》，這五位持明分別是天持明渣眞秋恭、藥叉持明涅甘加達冬、羅刹持明羅追答眞、龍持明路遮就波當和人持明迪美札巴。他們集中心念啓請：

阿勒斯！阿勒斯！阿勒斯！
現在，佛光已消失，誰來驅走世界的黑暗？
請諸佛集合，召請祕密主金剛手，
祕密主請聽我們祈求，

難道你已放下過去誓句的盔甲！
你見不到這世界的痛苦嗎？
請垂憐我們，請下降這片大地，
驅逐這世界的痛苦！

祕密主回應道：

無始也無終，
永不放棄我的誓戒，
何時向我祈求皆得回應，
我展現神奇的力量。

於是金剛手在瑪拉雅山將阿魯瑜伽教法教授五持明。
此外在鄔金國的但拿哥沙，金剛手把《祕密精髓密續》及口訣，加上普巴、瑪摩等法教予化身嘉笠多傑，所有這些教法由鄔金蓮師獲得並弘揚。

⊙聽聞阿底瑜伽的傳承很傳奇，請問阿底瑜伽的持明表示傳承經過如何？

阿底瑜伽最初在天神中教授。話說三十三天中有位天神爹哇巴差噴拿，他心意一轉生出五百個兒子，最大的名叫阿難陀嘉巴，他比其他兄弟更聰明健壯，終日喜歡獨自修習金剛持明。在水牛年，他有四個殊勝的夢境：首先他夢到諸佛放光，形成六能仁，繞著眾生後經自己頭頂融入體內。跟著他夢見吞下梵天、濕婆、毘濕婆三位天神。第三個夢境，天空中的太陽和月亮出現在他手中，並放光充滿整個宇宙。最後一個，從珍寶雲海中落下甘露雨點，立刻長出珍貴的植物形成樹林。

翌日，他把夢境告訴眾天之皇憍斯卡，他唱起這首讚歌：

唉瑪伙！
現在是出現出過勤修心髓教義的時候！
三世諸佛，十地之主，
你將燃亮這個世界。
天界出現莫大喜訊！
阿難陀嘉巴！

第一個夢境是你將與諸佛、菩薩的智慧心靈結合，化現出諸佛的形態。第二個表示你將鎮伏一切惡魔和糾正三毒。第三個是表示驅走衆生內心的黑暗，用佛法來照亮他們。第四個象徵你用自然生起阿底瑜伽教法的甘露，來壓服無明的痛苦，頓然獲得出過勤修的成果。

阿難陀嘉巴聽到覺得很快樂。這時三世諸佛出現並說：

我們召請榮耀的金剛薩埵！
你具備不可思議法門，
向所有渴求解脫的眾生打開大門，
賜與他們這出過勤修的寶藏。

這時金剛薩埵心間出現一個光輝的寶輪，他送給金剛手說道：

超越二分的智慧，隱藏真理，
本初佛，毋須勤修、毋須作力，
這道路就稱為大中道，
向聚集的弟子揭示！

金剛手欣然受命：

金剛薩埵，廣大如虛空，
它是超越語言文字範疇，
我難於表達，
但對於那些未體證它的人，
我仍用語言文字，
來指出它的意思，
使他們獲得體證。
我會運用一切能使修行者解脫的方法。

於是金剛手以神力來到五方佛淨土，跟五方佛及班渣古也、滑拿柏打、啤瑪噴爸、悉地也洛加與及史毘盧遮那共同蹉商，得到諸佛智慧的精髓，去除對阿底瑜伽的一切誤解，超越因果，出過勤修的心髓法門。

金剛手知道阿難陀嘉巴（這時因得密乘加持而改名「阿底悉他」）具備合適業

力和善業，於是決定把阿底瑜伽傳給他。金剛手以神力通知阿底悉他前來領受密法，灌頂道場就在三十三天尊勝宮中央生命之樹舉行，因該樹頂有九股金剛杵，金剛手就坐在金剛杵最頂尖燦爛寶座上舉行阿底瑜伽灌頂。阿底悉他張開一把由各種珍寶造成的傘蓋，並獻上各種神聖供品。金剛手利用「持明表示」的方法，直接將阿底悉他轉化為諸佛的代表者。

⊙甚麼叫「持明表示」方法？

沒有任何儀式和可見過程的灌頂，純粹是圓滿和剎那頓現。從上師的心到心的覺悟體證的轉移。「持明表示」，簡單的解釋是把佛果直接移。

⊙首次阿底瑜伽灌頂包括了那些教法的傳遞？

首次灌頂，金剛手將不可思議口訣的十種傳承、七個灌頂、五種口訣和大量密續，剎那間即完全直接轉移給阿底悉他。金剛手並說：「願這不可思議教法的精髓，傳遍天界，跟著由化身再化身的心子，在南瞻部洲中央弘揚。」

⊙阿底瑜伽何時傳至人間？

阿底瑜伽來到人間傳弘主要以嘉笠多傑（義為「極喜金剛」）開始。

⊙這開始了人間傳承嗎？

未開始，根據《移喜喇嘛》說法，人間口耳傳承由蓮師將阿底瑜伽傳給嘉那蘇札、大班智達布瑪拉米札和大譯師毘盧渣拿才開始。

⊙嘉笠多傑有何因緣傳承阿底瑜伽？

說來話長。首先由嘉笠多傑的出生說起。印度西面空行聚居地鄔金的但拿哥沙湖，四周長滿美麗的花朵，湖畔有一個金剛洞，住有一位名叫明花的公主，他具備一切空行圓滿的印記，心地善良，具有無量的菩提心，捨離世間的虛妄，無錯失地守持圓滿的比丘尼戒。

在木牛年，八月八日晨曦之際，明花做了一個怪夢：他看到諸佛放光並轉化成日與月；日從他頭頂融入他的身中，一直向下流動；月從他的腳趾融入身中，一直向上推移。到了清晨，滿懷法喜的他來到湖邊沐浴。這時金剛手轉化成一隻雪白的天鵝，並將天神、阿底瑜伽傳人阿底悉他轉成「吽」字，自己再化身爲四隻天鵝，從天降到湖中戲水，其中三隻又再飛返天空。祇剩一隻天鵝用嘴三次觸及公主心間，一個發光的「吽」字融入明花心間，金剛手化身的天鵝飛走了。

受驚的公主立即回稟父王，他的父親說道：「這是否預言佛的化身降臨。」仍是童貞的公主在沒有懷孕的情況，生下了一位具三十二相八十種好的小孩，他出生時右手持金剛杵，左手持珍寶，並且以人語念誦：「廣如虛空的金剛薩埵。」這時有一位善相的婆羅門好奇地來到鄔金，看過小孩後，嘖嘖稱奇，並向國人宣稱：「他是最高教法之主，是佛陀化身的展現。」因每個人見到他都滿懷歡喜，所以改名「嘉笠多傑」，意思是「極度喜樂金剛」。

當他長大繼承外祖父王位時，金剛手示現，並賜予持明表示灌頂，把佛果直接轉移到嘉笠多傑處，交付大圓滿心部十八續、大界二萬品續教法的傳承和口訣，並委任忠心不二的護法給他作爲保護教義的友伴。毋須費力修行，嘉笠多傑刹那間已體證大圓滿佛果，身體輕於日光，並且能自由在天空行走。

這時印度僧伽羅國婆羅門叔夏巴拿和妻子冠夏娜產下男嬰，他是尊貴文殊的化身，這個婆羅門的兒子稱爲沙拉悉地。後來他受戒爲僧，成爲五百班智達之首，獲妙吉祥友的美譽。

在一次淨相示現中，文殊菩薩告訴妙吉祥友說：「你要往西行前赴鄔金的摩訶希寒林，那處有一個金剛洞，住了一位化身佛嘉笠多傑，他是金剛薩埵的化身，諸佛曾爲他灌頂，他持有諸佛超越勤修的教義。你要找到他，求學不可思議教法的精髓，這套教法名爲阿底瑜伽，祇有透過它才可以毋須勤修而成就佛果，你要把阿底瑜伽系統化，將它編纂筆錄下來，利益衆生。」

但是妙吉祥友是著重概念思考的哲學家，他的成就祇限於佛學，而不是學佛。於是他對追隨他的班智達說：「在這西面的鄔金之地，有一位持明演說超越因果法則的大師，我們要用邏輯來推倒他。」

他們商議派出七個班智達，踏上艱辛崎嶇之路來到鄔金。他們如何努力，也不能在辯論中駁倒嘉笠多傑；無論外在內在的觀點，因果法則的邏輯在面對祕密密咒教法一一敗下來。

他們垂頭喪氣地回報妙吉祥友，妙吉祥友開始感到挫敗、恐懼，諮詢他們說：「我們是否應向這位佛陀的化身請求超越因果的教示？」

班智達們意見紛紜，依當時的風俗，在辯論中落敗的一方，祇有兩條路走，一是割舌，一是拜勝利者爲師。但無論怎樣，班智達們都覺得自已對佛陀的化身和這不可思議的教法太不敬了，他們決定要一塊兒到鄔金道歉。

妙吉祥友見到嘉笠多傑，便拜倒腳下，痛哭道：「化身的展現，我待你眞是大不敬，爲了代表我的悔意，我欲定割舌謝罪！」這時妙吉祥友仍有一絲我執，不肯向別人宣示自己以前所學的實在太不濟。「你不能以割舌來淨除自己的惡行。」嘉笠多傑再以神力摧破妙吉祥友的傲慢，妙吉祥友慚愧得抬不起頭　「你把我的教化，超越因果不可思議的大圓滿阿底瑜伽系統化，以這種功德才可淨化自己！」

所有欠缺機緣和適當業力的班智達們都回家去了，祇剩下具緣妙吉祥友一人留下。單憑上師嘉笠多傑的一個手印，妙吉祥友頓然得到持明表示灌頂，獲得全部眞正的佛法，包括二萬册的祕密密續及口訣。

聖潔的化身嘉笠多傑寫下教示，傳給妙吉祥友：

從無始以來，心性是佛，

它既不生也不滅，猶如虛空。

當你證悟所有事物平等性的真實意義，
沒有追逐，安住於這狀態便是禪修。

妙吉祥友爲了表示自己的體證，恭敬的說道：

我是妙吉祥友，
我已達至闍曼德迦的成就，
我已體證輪迴涅槃的大平等性，
遍知本智已生起。
我編訂了嘉笠多傑的教法，作為懺悔。

妙吉祥友把這些原先藏於嘉笠多傑心間的教法系統化成六百四十萬續，分類爲心、界、口訣三部，並傳給漢人喜利森哈。喜利森哈文義是吉祥獅子，他二十五歲就遇到妙吉祥友，亦是經持明表示灌頂得到佛果直接轉移心內，頓然證悟。後來喜利森哈在清涼屍陀林亦以持明表示傳給蓮華生大師。到此持明表示傳承告一段落。

27 五大空行　展示伏藏

⊙蓮華生大師開始了人間補特伽羅口耳傳承，請問何謂口耳傳承？

自蓮華生大師把教法傳給嘉拿蘇札、布瑪拉米札和毘盧渣拿，這三人都是持明表示和人間口耳傳承的過渡期人物，但蓮華生大師再傳王（赤松德贊）臣（毘盧渣拿）伴（移喜蹉嘉）後，此法多是單人獨傳，口耳相承至今。

蓮華生大師也因應二十五弟子各人的根性，而賜予佛陀無數的教法。密續經文寫在黃色卷軸上並埋在地、水、火、風、空五大，由五大空行母守護，並於適當時機利益將來蓮師的追隨者。以後在預言的時間，由成就者化身來揭開這些甚深的寶庫，很多具備相應業力的弟子追隨。其中與我傳承有最密切關係的就是吉美嶺巴，他是眞正安住於心性的大悲觀音，並從蓮華生大師、布瑪拉米札班智達和龍欽巴法王，獲得心印、表示和口耳三種傳承，並得五界空行展示無盡伏藏。吉美嶺巴的身體是世俗的人，但他圓滿的心意是眞正的佛。吉美嶺巴在淨相中把黃金寶鬘經安章珠巴傳承至我定心寺卓格多傑。

⊙爲甚麼上師這樣重視傳承的歷史？

在密續中一再強調：

假若你沒有解釋傳承的起源歷史，人們將會犯下不相信的錯誤，在甚深祕密真實的教法中得不到益處。

為了喚醒弟子的信心，我卓格多傑在這裡解釋了傳承的起源。

⊙**我跟隨上師修習龍欽心髓，在法本後所記載的作者很多不是龍欽巴，而是吉美嶺巴。**

對，吉美嶺巴是集大成者，正如漢土天臺、華嚴、初祖的學說理論，修證口訣都祇是口傳，到了集大成的例如智顗大師、澄觀大師，把前輩的東西消化調和，批判整理後，便成宗派。

⊙**上師，在心髓的傳承表中，吉美嶺巴的地位很重要，請上師開示吉美嶺巴修法的事蹟。**

我在《雪域虹光》一書中已略述過吉美嶺巴的生平，現在我著重他修行和證悟這段事蹟說給你聽。

吉美嶺巴（一七三〇～一七九八）是大班智達布瑪拉米札和赤松德贊的化身，是意取藏者的化身總集體。漢譯名字持明無畏洲。

28 持明無畏洲　五意取藏王

⊙請問「意取藏」者是甚麼意思？

蓮師離開西藏時，把很多特殊的教法隱藏，以空行語言象徵性地藏在山岩、湖泊、虛空等地，並囑咐護法守持。此外，他交付個別弟子作某一特別教法的持明，並對弟子將來的轉世作出授記。在眾緣具備時，便取出、閱讀修習和弘揚這個伏藏教法，這些人稱爲得登巴（取藏者）。而「意取藏」是蓮師的教法並非物質性地埋藏，而是因蓮師的加持而從取藏者心念生起。

吉美嶺巴更是五位大意取藏王的總集化身，這五位意取藏王是養喇尼瑪沃色（一一二四～一一九二）、古魯旺秋（一二一二～一二七〇）、多傑嶺巴（一三四六～一四〇五）、啤瑪嶺巴（一四五〇～一五二一）和章養淸眞旺波（一八二〇～一八九二）。

吉美嶺巴在孩童時期，大成就者已於淨相示現。六歲時進入抛機威窩的寺院修習，十三歲遇到他的根本上師持明圖曲多傑，得到很多甚深成熟教示和口訣。此外，他從其他導師獲得經典和伏藏傳承，因爲他已得到內心本質的覺醒，所以在毫不費力的情況下，已能吸收和表達全部佛教的教義。

⊙這是不是上師常向我們開示的經驗，不要從知識或學術入路來瞭解佛陀教義？

正是，我以前未修密法及內心的覺醒，學的都是假佛教，與生命無關，更遑論解脫。學佛要做「大丈夫」，《大藏經》都是解釋你生命的情調，意念取向，修證的境界，不要做鑽在《大藏經》的書蟲，殘害佛陀慧命。

⊙多謝上師的開示，我定當追隨佛陀心靈，重視實修實證。

在二十八歲那年，吉美嶺巴下決心在「梯高益威」隱僻之地進行閉關，獲得成就，並得蓮師示現，賜法名為「啤瑪旺青」；跟著龍欽巴和妙吉祥友等三人，向他示現龍欽心髓寶藏。他把這個淨相經驗再傳到安章珠巴一世，輾轉傳至我定心寺卓格多傑。

⊙我聽說吉美嶺巴之後有幾個化身，傳播龍欽心髓，他的徒弟亦開展龍欽心髓的傳承。

他著名的弟子有吉美成列餓色、吉美貢珠，和吉美嘉威尼格。此外，吉美嶺巴為了普度眾生，弘揚佛法，他立即展開不同化身，身的化身是章養清眞旺波，語的化身是巴祖鄔金織滅始知旺波（一八〇八～一八八七），而意的化身是贊西移喜多傑。他們的名字在我的傳承表中亦可找到。

⊙上師可否詳細開示龍欽巴在淨相示現吉美嶺巴的經過？

根據吉美嶺巴的自述：

在無數次輪迴中，我誠懇地禱告祈請鄔金蓮華生大師和他的法侶移喜磋嘉大悲的加持，我明白到輪迴的苦痛，我感到自己要脫離輪迴，於是自家走到桑耶東南方的迭曲寧，打算進行三年全力奮發和集中的靈性修行。有一天，我正在念誦文武百尊時，一股強烈的出離心湧現，四週都充滿光芒；蓮師、龍欽遍智王和妙吉祥友出現空中，他們放射很強烈的光芒，圍繞著我四週，過了一陣子，他們融入我的體內，我的內心沒有任何世俗的念頭。我以前執著禪定的經驗也消失得無影無蹤。我能控制所有業力的視像及能量，現象的假相完全崩潰，所有後天的概念認知從我內心褪去。我彷彿獲得新生命。過了不久，我看到自己出現在天界，我看到蓮師的忿怒變化身多傑多勞，前面有當金勒巴，他對我說：「我（指鄔金蓮師）與本尊無別，承受父財無有疑。」（這是〈遂欲成就頌〉的一句）說完後，多傑多勞就消失了。

過了數天，在我二十八歲的十月二十五日的黃昏，我對蓮師懷念之情從內心生起，當時我在想：「在這五濁惡世，每個人祇活在貪、瞋、癡的困境之中，在惡行中打滾，這兒甚麼也沒有，自己就好像被遺棄荒野的孤兒。祇有蓮師，你是大悲的守護者，你比諸佛更偉大，但你現在去了銅色吉祥山，我可以遇見你嗎？」我雙眼充滿淚水。就在這時房內滿佈耀目光芒，從窗外奔進一頭白色的雌獅，牠要我坐在背上，然後牠揹著我彈跳到虛空中，祇見到白雲片片飛撲在我面前，耳邊風聲呼呼作響，很快便到了尼泊爾嘉茸卡雪大佛塔。

⊙是否就是蓮師在過去世所興建的大佛塔？

是，在迦葉佛時代，有一個農婦和他的四個兒子，爲了供奉迦葉佛的信物，於是興建了大佛塔，這四個兒子後來因此功德轉生成蓮師、靜命、赤松德贊王和巴美濟沙（一個信奉佛教的宰相）。

⊙吉美嶺巴到了大佛塔後有甚麼遭遇？

在大佛塔的東邊有一位空行母手捧著一個密封的木匣子，等候著吉美嶺巴的來臨，根據吉美嶺巴的敘述：

他對我說：「你是赤松德贊王的轉世，具有正知正見，我向你表示敬意。這個密封的木匣子，藏著普賢王如來心間的伏藏，是蓮華持明的無盡心念象徵，空行的偉大祕密寶庫。」

他把木匣子交給我後，轉瞬間便消失了，遺下震慄著的我。過了一會兒，當我的精神回復時，我發現裡面有五卷黃色的卷軸和七顆如豆般大小的水晶，我打開最大的一卷卷軸時，很奇特的香氣瀰漫四週，我整個身體因為這種奇蹟而顫抖，我內心很清醒閃動一個念頭：「熱呼拉保護這個寶庫，它是極具威力，必須小心地處理。」我以恭敬謹慎的心打開卷軸，大佛塔的影像浮現在卷軸上，跟著有似空行手寫文字覆蓋在佛塔的影像，我看了很久，知道這些文字是超越人類的概念思惟，正想捲上卷軸。突然，大佛塔的影像和空行語文融解並消失，在卷軸上出現藏文，這是大悲觀音的法本，經文清晰生起，過了片刻，它又變得難以明白，並逐漸變得朦朧。

吉美嶺巴獲得這個寶匣和空行母的啓迪後，他成爲大圓滿法大廣精義明點正法的主人，經驗到覺醒大樂空性的無限體證。

⊙五卷卷軸是否代表五部空行母所傳的法？

正是，這五卷卷軸的大法以後由吉美嶺巴在淨相示現中傳給安章珠巴一世，最後傳至我定心寺卓格多傑。

⊙這些無等無比的大法仍要修鍊的嗎？

是，吉美嶺巴以七年時間修鍊圓滿。跟著他在桑耶青蒲山進行另一次閉關，這時龍欽巴向他三次示現，並確認吉美嶺巴爲布瑪拉米札的化身，並把原始普賢王如來的體證心傳教授，龍欽巴敦請吉美嶺巴把他的教示整理，並且弘傳於世。在一七六四年木猴年猴月初十的薈供，蓮師連同雲海的勇士空行現於天空，得到蓮師的加持，祛除弘揚龍欽心髓教法的障礙，於是吉美嶺巴就在桑耶青蒲山弘揚龍欽心髓。

《龍欽心髓》（《寧體》）全套包括很多部分，有前行和正行，生起和圓滿次第，最重要的，是有大圓滿阿底瑜伽的修法。

在密乘來說，龍欽心髓構成達致覺悟的完整道路。

29 法螺妙音　響徹三千

⊙在整個龍欽心髓體系中，最核心部分是甚麼？

從不同的出發點，都會產生一個核心，皈依、發心、金剛薩埵懺罪法、三身曼達、「咕沙里」和上師瑜伽，在《龍欽心髓前行》中都扮演重要角色或「核心」。

⊙依上師的經驗，修龍欽心髓時的核心是甚麼？

我們要日夜想念上師，行、住、坐、臥，我們都要想念上師的恩情，並以猛烈的信心，觀想上師安住在自己頭上，無論自己處於順境或逆境，都要向上師熱情地祈請加持。

⊙我們所觀想的上師，他的形相與平日不一樣吧！

觀想上師的形像分三個層次：

最初是觀想自己的身、語、意和上師智慧的身、語、意是不可分割，這是「仁靑堆巴」的修法。

第二層是觀想上師現報身相，處於無上大樂形態，稱爲「琢驕宏杜」。

第三層觀想上師現出龍欽巴的形態，心中現出原始普賢王如來，稱爲「體耐也靑」。

⊙我們在共修龍欽心髓時，上師常敦促我們寬坦安樂而住，進行毘盧七支坐，請

上師開示？

當脊骨正直時，人便處於實相狀態，心才清明地住於體內，毘盧七支坐（藏文「南能促敦」）是指：

1. 雙腳跏趺成金剛跏趺座，右腳放在左腳之上。
2. 兩手握金剛拳，拇指壓著病脈經過的無名指基部，兩拳壓放在大腿與盤骨之接合處，手腕鎖直。
3. 兩肩提起並且稍微向前。
4. 脊骨保持挺直，就像把金幣疊成柱狀。
5. 下頷稍微壓向喉嚨。
6. 舌尖微抵上齶。
7. 兩眼不眨動地凝視鼻尖對上距離十二隻手指闊度位置。

⊙上師可否慈悲總結龍欽心髓的修法。

我把自己修大圓滿前行的項目列出，大家有興趣不妨依我的經驗作爲修持模式。

一、皈依（商住）。

二、發心（心薛）。

三、共同前行（他夢安珠）：修一般密乘理論。

四、不共前行（他夢龍哥安珠）。

1. 頗哇

2. 修四個十萬：

——大禮拜：先向蓮師念〈七支頌〉，然後大禮拜一次。念一次拜一次。

——百字明：要四力滿足才算一次。

——供曼達：十萬次三十七供。

——上師瑜伽（喇美連爵）：十萬座。由修習密乘直至成就，不可停止念誦蓮師心咒。

五、本尊：修金剛薩埵，他是一切神佛的自性。

六、開始修澈卻。

1. 證悟心的本質（山餓知）。

2. 明空無別（羅都應味）。

七、修脫嘎。

1. 透過三稜鏡認識五色光（雲牙）。

2. 對太陽看光。

〈附錄〉

大圓滿龍欽心髓前行念誦簡編遍智妙道

（加持於口：語加持）

甲 共前行

嗡阿吽

雙環勇移尼雄涅渣尼　俄馬冷巴多瑪者松布

舌根吽字生火燃燒後　紅光成三股空管金剛杵狀

阿哩迦里他哥膽節養　木底渣瓦打威容之里

環繞阿哩迦里串連成鬘　從彼字鬘放射光明

汪吹旣嘩得機促比尼　拉第俄杜到尼送多傑

供養諸佛菩薩使生歡喜　光明復收淨自不淨語障

信老俄珠譚借托巴二

令得一切語金剛加持悉地

阿阿・俄俄・烏烏・日日・樂樂・哀哀・哦哦・嗡呀。（七次）

嘎喀咖卡昂・札茶炸占娘・作叉湛宅吶・打他達旦拿・巴怕瓦霸麻・亞腊然瓦夏・喀沙哈差。（七次）

野達嗎海得作霸瓦・海燈爹坎・打他噶多・哈亞巴達打・碟坎札藥訥若日哀・汪瓦德麻・哈夏嘛吶索哈。（七次）

（初於具德上師傳承祈禱恆憶念）

喇嘛千羅

寧威達備結沙節巴呢　家知金尖拉馬也啦沙

心中信仰花蕊開　依怙恩師請上升

尼當年夢札婆沙嗶宜　家華甕巴達拉就備尺

猛利業惱所逼迫　於惡劫中願救我

雪哦爹千歌窩見杜俗　箭當些線斤江尚詩嗦

請住頭頂大樂輪　憶知念念祈現起

(一) 觀暇滿難得

1 十八暇滿

打威家嗶宜達杜卓當　確玲哈當啦洛洛得棧

現時地獄餓鬼與旁生　長壽諸天野人邪見者

三節瑪信線當顧巴爹　美窮隻尼他威打華多

佛未涉足國土聾啞人　擺脫八種無暇得有暇

美隻汪波清當也威隻　尼打瑪羅旦拉達巴笛

做人五官齊全生中土　離諸業障虔信佛正法

朗呢卓華芽倉三雙順　卻崇登巴涅當爹拉叔

自具五種圓滿佛降臨　佛法住世說法入彼土

線念當必行當忍著呀　貪節郎拉長威涅鐸將

五他圓滿善知識攝受　凡此善緣具足位難得

見美熱巴滅備切巴涅　知登怕又熱杜崇巴熱

諸緣無有定規壽命終　勢必走向另一世間去

敦那珠拉旣切古魯千　南哥面巴瑪東根青知

上師明鑒將心轉向法　莫使踏上謬誤邪歪道

尼蘇美多謹線喇嘛千

與佛無二恩師請垂顧

2 人身難得

達尼達登東喲瑪線那　卻尼他嘩捉巴顛馬列

今生不做空閒有暇人　來世修持解脫無所依

爹露登那嗦南車覺涅　薛威哦杜甕送鶯當織
善趣人身福德若完結　死後必定流轉惡趣道
潔帝美線速知札馬杜　潔威詩當米札昌日切
不知善惡耳不聞法音　善知識不拜謁罪惡重
散織簪吉張當忍巴拉　桑那美尼拖巴箭差針
想諸有情無數種類多　能得人身世上爲少有
美羊速美帝拉商通喇　速三嗦巴連模加瑪針
看諸衆生造孽爲普通　依法行善更如早晨星
敦那珠拉既切古魯千　南哥面巴瑪東根青知
上師明鑒將心轉向法　莫使踏上謬誤邪歪道
尼蘇美多謹線喇嘛千
與佛無二恩師請垂顧

3 驟緣八無暇

4 心識八無暇

嘉爹媽雷玲千冷千養　雷顛桑拉覺波車以仙

人身珍寶之洲已到達　仍於善妙身藏大禍心

他巴足北顛杜馬龍夏　確巴得知心當杜呀促

依它修持解脫不可能　若爲魔持五毒障騷擾

尼鶯陀杜娃當尼路養　賢歌張邱節覺速打祖

趨入惡業且又懶懈怠　爲奴作僕救苦似法行

夢索錯嗦見著麼窮節　達拉卓知嘎達魯啤尺

癡等頓生暫緣八無暇　成我修持佛法仇敵時

敦那珠拉既切古魯千　南哥面巴瑪東根青知

上師明鑒將心轉向法　莫使踏上謬誤邪歪道

尼蘇美多謹線喇嘛千

與佛無二恩師請垂顧

久次錯沙達備羅當差　多謝薩啤更當更學祝
出離心弱缺乏信仰財　貪愛繩縛威儀亦粗魯
毛旣得拉悶針蓮得洛　東巴念傘擔知惹巴爹
不避不善造作無間業　毀犯律儀破壞三昧耶
以切羅以米窮娘巴熱　達拉卓知加得那備隻
偏執之心滋生八無暇　凡此成爲修法仇敵時
敦那珠拉旣切古魯千　南哥面巴瑪東根青知
上師明鑒將心轉向法　莫使踏上謬誤邪歪道
尼蘇美多謹線喇嘛千
與佛無二恩師請垂顧

(二) 觀壽命無常

達打列當杜餓知瑪薛　眞歌拉索夏還馬隻備
現時未被疾病苦折磨　非爲奴婢受制於他人

攘汪吐備典當節帝爹　容尼安爹達局去松那

身得自在機緣已成熟　仍於懈怠之中失暇滿

歌當龍學涅杜爹華打　打次節巴容牙蓮那羊

但願眷屬親朋與享受　及此百般愛惜所執身

瑪吉浪涅沙作冬巴作　嘩當夏歌節以隻備地

一旦離開臥榻送荒郊　爲彼鷹犬野狐扯食時

華杜忍賴節巴幸杜切　敦那珠拉旣切古魯牵

於中陰道經受大怖畏　上師明鑒將心轉向法

南哥面巴瑪東根青知　尼蘇美朶緊線喇嘛牵

莫使踏上謬誤邪賤道　與佛無二恩師請垂顧

(三) 觀業力因果

潔杜尼知那敏尺線大

善惡宿業果報隨後至

(四) 觀輪迴諸苦

1 地獄道苦

切巴那威尺當尼崇啦　甲些沙悉春即餓尼賊

特別若到地獄世間時　熱鐵遍地酷刑分身首

蘇累嗦當拖南巴威尺　果美賊纖通巴餓多伯

鐵錘輪擊錘打鋸子鋸　無門鐵屋囚禁號叫悽

巴威沙線嘰布挫秋曹　公尼茶威美戴傑千節

燃熱串戈穿身鐵水煮　周遍烈焰熾燃八熱獄

剛瑞杜波南當秋前紙　嗦龍牙艾涅事布由傑

厚雪山嶺綿延接冰河　深谷悽驚境地風雪急

張日龍格打備浪嗦啦　秋布煎當黑已多華煎

寒凍風霜折磨青春體　再生水泡泡疹並庖裂

尼甕箭美切巴東巴揚　錯威東呀那巴加嘩耶

呻吟慘叫悲號聲不絕　由所受苦重重難堪忍

送知也當尺奇烈巴線　詩旦東張索登巴巴潔

神耗猶如臨終之病人　長吁短歎齒顫皮肉裂

下日通涅卡巴潔爹傑　爹線布直湯拉岡巴索

新肉長出再破八寒獄　復次利刃道上踩雙足

姚弟茶杜尼拉接杜傑　容揚膽切他赤養美龍

刀劍爲林肉體剁成泥　爛屍泥潭熱灰無極河

那威蓮歌華當叫華尖　個當加嘩塔當塔巴索

此是近邊變異兩地獄　門板鐵柱爐灶繩索等

打杜個線學備尼切華　南張舊傑岡尼將威隻

獄卒常用是爲獨一獄　十八地獄因從何處生

錫當渣波昆龍節備切　敦那珠拉既切古魯千

怨瞋念頭猛厲生起時　上師明鑒將心轉向法

南哥面巴瑪東根青知　尼蘇美多謹線喇嘛千

莫使踏上謬誤邪歪道　與佛無二恩師請垂顧

2 餓鬼、畜生道苦

爹線破拉良馬加威由　沙當龍學冷楊馬札巴

如是淪落貧荒無喜處　飲食受用連名未能聞

薛公樂得美熱以打尼　密張當威東養冷巴宋

終年不覓飲食餓鬼身　枯瘦衰弱無力有三種

岡尼宗威見啦線那引　即啦即沙嗦備直巴赤

因何如是而生乃慳吝　相互吞噬殺戮多恐怖

哥散學備良塔浪拖夢　譚他咩備杜阿節沙威

如役驅使可憐昧取捨　爲無邊苦逼迫之種子

沙溫登美炆巴前巴達　敦那珠拉旣切古魯千

漂流愚昧黑暗境域時　上師明鑒將心轉向法

南哥面巴瑪東根青知　尼蘇美多謹線喇嘛千

莫使踏上謬誤邪歪道　與佛無二恩師請垂顧

(五) 皈命善知識

珠南玉江亦覺媽東下　他青果嗉仙呑仙他炸

雖處法道不禁罪惡行　入大乘門背棄利他心

汪悉托江借走美恭簿　南歌帝累喇美札杜索

受四灌頂不修二次第　從此謬道求上師救度

打華瑪多杜珠素巴箭　恭巴養青果喲亦果他

正見未悟盲目作修持　正修散亂妄誇所悟境

學巴羅江那講美仙備　珠隻帝累喇美札杜索

正行錯謬不思自身過　此類教法求上師救度

浪巴起揚尼古羅拉隻　那錯姚揚念宋久事札

壽命將終還貪衣食財　年歲已高仍不思出離

吐巴窮羊容登煎得洛　瑪累帝列拉美札杜索

孤陋寡聞尙誇有功德　於無明中求上師救度

煎漢秋羊登眞涅顧線　還巴登江也節線打惹

惡緣臨頭心繫熱鬧處　身住靜地自性比木僵

得嘩瑪羊差當瑪悉備　珠傑帝威喇嘛札杜索

雖云馴服貪瞋執著在　從世八法求上師救度

印渡帝累亦杜薛杜索　尺蚊帝累紐杜忍杜索

從昏睡中火速求出離　於火宅煉獄中求救拔

乙　不共前行

(一) 皈依

公錯深餓爹下札華深　札龍替列養線想超生

三寶眞實善逝三根本　氣脈明點自性菩提心

歌和讓線得知節歌拉　想秋娘波嘩多甲蘇缺

本源自性慈悲壇城裡　乃至菩提道場我皈依

(二) 發心

伙

那錯娘嘩秋底曾兒知　歌嘩陸哥潔杜昌備作

種種現見虛妄水月境　輪迴連鎖漂泊苦眾生

讓杜嘩沙養蘇牙嗦缺　尺美日兒牙列仙知多

自覺光明法界休息故　乞於四無量中我發心

(三) 修誦金剛心

呀

達列譚瑪旣嗦呢　嗶加打威鄧吉威

於自平庸頭頂上　白蓮月輪座壇中

吽尼喇嘛多傑心　加沙龍覺捉備哥

吽現上師金剛心　白明圓滿受用身

多傑蔣精念瑪知　捉啦甲蘇得巴深
手持鈴杵抱佛母　皈依於你淨罪障
覺深札布陀洛汝　千錯作啦或講冬
悔心猛厲發露懺　即遇命難亦防護
卻得打嘩知備登　吽宜也瑪呀知報
於尊圓滿心月上　吽字周圍咒鬘繞
累巴牙戲熱哥威　也染爹露啇昌念
念誦咒文字旋轉　佛妃樂受和合間
得知尙妾山旣鈷　嘉霸得道札巴宜
甘露菩提心法雲　如冰片沫而降落
達當看送仙纖枝　列當養麼東餓節
我跟三界有情衆　業及煩惱苦毒因
涅當得知尼東知　瑪列啇嘩札都嗽
病魔罪障與過犯　清淨無餘請成辦

接誦：「嗡班雜薩埵」等百字明若干遍：

嗡．班渣．薩埵．薩麻也．麻努巴拉也。

嗡．金剛勇識三昧耶請勿忘

班渣．薩埵．得羅巴帝叉．只卓．美．巴瓦。

金剛勇識加持堅固我本性

蘇埵卡約．美．巴瓦　**蘇波卡約．美．巴瓦**。

將喜悅我本性　將不退我本性

阿努拉埵．美．巴瓦　**沙嘩．悉地．美．布拉雅叉．**

不離悲護我本性　一切成就皆賜予我

薩瓦．噶麻．蘇．咱．咩　**資當．洗央．古嚕．吽**

一切事業祈給我　心德賜與

哈哈哈哈．火　**班噶灣．薩瓦．打他加他**

（五字表五智）　所有如來

班渣・麻美・木・咱

金剛對我不離棄金剛本性三昧耶

班渣・巴瓦・麻哈・薩麻雅・薩埵・呀

勇識降服一切煩惱

（隨力念誦後，合掌啓白：）

軍波

怙主

當尼米稀夢巴宜　擔節養尼夢得兒

因我無知愚昧故　致多違犯三昧耶

喇嘛昆婆監作枝　佐窩多傑曾巴爹

上師怙主請救護　主尊部主金剛持

得知千波打列箭　佐威昨啦打加且

是大慈悲大聖哲　我今皈依衆生尊

古送突渣華當煙路格　擔次娘巴擔且陀羅囌㖩

猛利發露懺悔，所有違犯身口意根本支分三昧耶戒

得巴當　節巴列　東知美錯　譚節下鄉多巴節多索

惡業罪障諸過染祈請賜予清淨

如是念已，金剛心佛熙怡而笑曰：「善男子！爾之一切過犯悉皆清淨。」

自身轉成金剛心佛現出虛空鏡影之相，心命吽字周圍四種子字放射妙明淨光。三界情器俱成金剛薩埵五佛種智之能依所依，與自身無二。如是覺照；念：

嗡　班渣薩埵吽

㈣ 供曼達

嗡阿吽

東送即登知嘩秋知散　仁青那登那美錯威登

三千世界千百萬剎土　天人財富七寶滿堆積
達威隆錯節巴容巴知　雀知歌羅家威節多嗦
我身受用悉皆作供養　願得能轉法輪好機緣
餓望爹線得波姑巴幸　藝巴牙登凌藝松魏煎
兜率大樂密嚴剎土上　五具決定五部佛集居
羅耶錯備眞盤山耶巴　怕威龍紀山拉覺巴索
獻上無量妙欲供養雲　但願住於報身佛剎土
南隻南打種內湯備學　突傑瑪卡錯威邱兒煎
情器清淨童子寶瓶身　大悲不滅法性爲莊嚴
家當替列僧巴南得下　怕威捉居商啦學巴學
獻上持身明點清淨剎　但願住於法身佛剎土

㈤ 積聚古沙里資糧

呸

例，精張波爲立秩長
仙，昌備果尼養啦通
且，得旣得將錯美卻
耶，願麼得張折姑姬
蘇，盤波得學吐巴爵
勇，列節隻知班打妥
古，送節蒙姑隻巴沙
南，東送剛威棋杜弟
阿，拖當坑宜潔杜知索
足，送潔尼備商啤旣
嗡阿吽（盡力念誦）
呸
也，卻也鐘知吐擔岡
錯，錯尼秋送甕注作

身體捨棄執受摧天魔
心出頂門趨達到法界
摧伏死魔變成忿怒母
右手執摧煩惱魔彎刀
摧斬五蘊之魔切顱蓋
左手以作業狀托顱缽
置於三身人頭鍋灶上
內裝遍滿大千人屍肉
用短呀杭字化成甘露
以三字力淨化使增多

上供地方賓客滿心願
資糧圓滿共不共悉地

瑪，歌威鐘列年恰雙　下施輪迴客喜償夙債
切，巴杜磨薛過潔將　特別作損厲鬼皆滿意
列，東當嘩切養屍石　病魔障難自然息法界
箭，甕當當眞牙杜啦　逆緣我執普皆粉碎已
他，捉沙當捉捉兒馬尼巴　最後所供供境不缺一
斯，捉巴千波瑪哈捉阿　自性住大圓滿無生阿

㈥ 上師瑜伽

唉瑪伙

娘那呑足得巴貪中散　**哥巴泣卓三波怕列威**
自現任運本淨無量刹　莊嚴圓滿銅色吉祥山
娘列嗪列多傑牙作瑪　**下即昌列瑪薩隻唐中**
於中自成金剛瑜伽母　一面二臂紅明持顱刀
沙列哥得三心南卡悉　**修餓啤瑪邦巴尼帝當**

雙足屈伸三目觀虛空　頭頂千層蓮瓣日月上

加列昆弟札威拉瑪當　夜美初節多傑足備哥

總皈依處根本勝上師　無別海生金剛變化身

加瑪當鄧嗦尼夏促箭　破卡錯古薩夏東瑪嗦

膚色紅白具足童子顏　身穿密袍法衣與披風

下即昌尼賢波羅威打　差夜多傑容備推養林

一面二臂國王遊戲座　右手執杵左手托顱瓶

餓拉達根啤瑪念雪素　千空容那爹東容錯瑪

頭戴具足五瓣蓮華冠　左腋挾持空樂殊勝母

別備出知卡張借松南　加些替列餓通龍那即

三尖天杖暗持於肘腕　安坐虹霓明點光明間

千歌甕威札偉節備龍　借威借馬尼蘇札牙當

外繞五色光網美莊嚴　中有化身王臣二十五

加烏病都影眞夜擔拉　間杜錯鍾擔千尖打特

印藏大德持明與本尊　空行護法具誓如雲佈
沙東良列千波安杜薩
明空大定法爾極明顯

1 蓮師七支祈請文

吽

烏金姚知祿長三　啤瑪既沙當波啦
鄔金聖地西北隅　微妙蓮莖花胚上
也眞促基俄竹列　啤瑪中涅些蘇得
獲得殊勝妙悉地　聖名號曰蓮華生
哥杜看卓孟波哥　既基遮蘇得竹基
衆多空行繞身旁　我今隨尊而修持
氈基立車些蘇梳　古魯啤瑪悉地吽
爲賜加持請降臨　古魯啤瑪悉地吽

2 七支淨供

唵

打列生機鄧列杜　南巴錯威將茶洛

我身於剎變微塵　千百身形頭頂禮

傲甚兒節當讓帝　南爵車備下加霸

實設意變以定力　獻作供養萬有印

果送咩潔列南根　柯沙錯幾安得心

三門所積不善業　光明法身中作懺

鄧巴尼知列巴宜　潔錯昆拉枝兒娘

眞俗二諦所攝持　諸善資糧皆隨喜

調松雀歌果嘩哥　節侄哥嘩瑪東巴

請轉三乘妙法輪　乃至輪迴未空寂

娘鶯曼打節梳爹　底送守備潔札根

祈請永不般涅槃　三時所集諸善根

江秋千波雙兒餓

迴向成爲菩提因

3 祈請灌頂

節樽古魯仁波切　堅拿三節擔節枝

至尊蓮華大師寶　你是一切諸佛陀

錫知線羅杜備巴　仙層根既龔知布

大悲加持所積聚　衆有情之唯一怙

列當龍作龍養張　杜巴美巴雀拉布

身及受用肺心胸　無餘觀待供獻你

帝列商秋瑪陀娃　借杜娘列吐炆昆

從今乃至證菩提　苦樂善惡榮辱等

雙尊千波班中千　達拉尼沙箭那美

至尊蓮師請垂知　我無餘處可希求

達打帝鶯尼美珠　瑪雪杜俄單杜線

於今濁世眾有情　沉溺苦難泥潭中

得列造識瑪哈古魯　汪薛古知線路箭

請拔救吧摩訶師　賜四灌頂加持師

多巴報知突知箭　隻列嶺斯連突箭

賜證果吧慈悲師　淨二障吧持咒師

嗡阿吽班雜古魯啤瑪悉地吽（千次）

嗡阿吽班雜古魯啤瑪悉地吽

4 傳承祈請頌

加切秋隆札威線剛泥　當波三知促哥昆公商

遠離偏執平等刹土上　原始佛陀法身大普賢

龍哥秋備玉炸多傑三　捉旣眞作加尤多隻啦

報身水月遊戲金剛心　化身相滿極喜金剛前

嗉嘩疊索線拉汪哥作　喜利森哈東登作自捉

啓請加持賜授予灌頂　室利僧達勝義妙法藏

講巴線蓮特機哥魯隻　加那蘇札班千嗶瑪拉

健白希寧大轉九乘輪　加那蘇札班欽比瑪拉

梳嘩多嗉作薛南那敦　贊傲冷過線切嗶瑪中

啓請垂敎顯示解脫道　瞻部唯一莊嚴蓮華生

額巴突節箭秋傑邦作　他爹講錯達卓龍千拾

心傳殊勝弟子王臣伴　精通伏藏經海龍欽師

看卓養追加溫吉美林　梳嘩爹索隻烏拖隻嗉

語令空行部衆吉美嶺　啓請賜與果證令解脫

速知打波尙秋多傑修　知嶺知咩加威妙歌噹

密法之主絳曲多吉師　得道大師久美佛陀芽

知威根梳面歌南奇層　加威狄波三湯打耶那

殊勝化身明居南喀參　衆位利他無量佛子前
索嘩多索呢露養石敦
啓請顯示教理眞面目
隻露尼巴中威先路潔　多傑喇嘛東登母先登
以三有從出離大厭心　如目依於金剛義利師
作送嘉足三麼養能啦　登江美備接色線羅節
依法奉行修持甚深道　了無反覆恆心不轉移
特局公備先啦破華叔　那隻看地夜尼餓文散
心印密意加持願降臨　情器世出世間密嚴刹
他呀捉過達作文備尼　邦拉夏容備巴捉巴師
神咒法身清淨圓熟果　不勞斷證取捨大圓滿
事念玉雪寧體力備當　捉尼餓送見巴通嘩宋
超越正念思量所覺音　法性裸露現前願得見
千美多巴南作渣色布　哥當替例良嫣龔杜啤

性相分別解脫虹光管　身及明點證境益增長
力設龍機沙人卻啦啤　捉熱龍弟千波三知爹
覺心純熟進詣報身剎　法盡離想境界證成佛
容拿旺哥鄧知星巴梳
願得永固童子寶瓶身

死有

肯杜南嗦娘哥瑪設弟　養例當美養詩瑪卓那
勤修至深瑜伽不精通　粗身也未證入空明界
南切赤宜得薛東威赤　卻嘩柯色加多速家夏
若適壽命終結臨死時　死亡顯現本淨光法身
華多冷夏龍卓捉家宅　澈卻脫噶南吉炸作列
中陰顯現圓滿受用身　澈卻脫噶道用圓滿後
瑪邦烏氣打嘩杜華梳
猶如兒投母懷願解脫

中有

商千俄色塔巴恰波借　三借行列紋錯促記下
優越要數大密光明乘　成佛別處不求法身面
安著東美薩拉瑪卓那　瑪供三傑珠呀南錯啦
未於原始初地得現證　可依無修五佛殊勝道
鄧涅讓錯宅杞生牙當　赤巴啤瑪俄知怕張得
於自性變五佛之剎土　特別蓮華光明宮殿中
影眞將錯作錯烏晶靜　三千捉己嘎東節備錫
持明大海主尊鄔金王　大密法宴聚會創立地
節知吐餓潔容烏雍爹　塔巴卓威年作達雙嗦
親爲上首弟子往生已　願成利樂無邊衆生者

即身圓證

仁眞雙華鑑錯線羅當　錯養三美切巴登巴夜
持明佛陀海衆所加持　法界不可思議眞諦力

旦著鄧拉昨夢商心知　登雙安著桑傑吐巴嗦
暇滿人身圓熟淨三具　緣起現前願證成佛果

5 領受四灌頂

從上師眉間水晶般「嗡」字放白色光明，融入自己頂門，淨除身業與脈二障，得身金剛加持，獲寶瓶灌頂，成爲生起次第之根器，生異熟持明種子，心具得證化身果位之堪能性。

從上師喉際紅蓮花般「阿」字放紅色光明，融入自己喉間，淨除語業與氣二障，得語金剛加持，獲祕密灌頂，成爲念誦之根器，生壽自在持明種子，心具圓滿報身果位之堪能性。

從上師心間虛空般「吽」字放藍色光明，融入自己心間，淨除意業與明點二障，得心金剛加持，獲智慧灌頂，成爲樂空旃陀離（猛厲火）之根器，生手印持明種子，心具法身果位之堪能性。

復從上師心間吽字中，流星般射出第二個「吽」字，進入自己心間，與我無二和合，淨化阿賴耶業與所知二障，得智慧金剛加持，獲語示勝義灌頂，成爲本淨大圓滿之根器，生任運持明種子。心具究竟果位法性身之堪能性。

如是念修雙運並行，受道次第灌頂後，復從上師心間，頓然射出一道紅暖光明，觸於自性金剛瑜伽母心中，立即變作紅色光團，入大寶上師心間，融爲一體，無有差別。後即進入無緣、無想、無言之禪定中。

南斯切巳底事赤　良浪牙約巴禮夏
何時命終捨壽時　自現妙拂吉祥山
崇尚捉備商窮薛　些列多傑南隻瑪
雙運化身淨土上　身成金剛瑜伽母
三尺個節公和呂　隻尼節中啤中當
化作明亮光一團　融入至尊蓮華生

也美千波桑傑得　爹當東威秋知旣

大無別中證佛果　大樂空性所幻化

兒戲千波羅巴列　看送線箭瑪禮巴

廣大智慧遊戲境　三界有情無餘渡

煎備爹便登巴呂　結尊貝美烏雍熟

於彼殊勝大導師　蓮華生處得救拔

索嘩寧個潔凌爹　卡占戚佔瑪因羅

我以誠心作啓請　並非憑口說空言

線羅得知隆涅卓　三敦足巴傑多㖩

請自內心賜加持　使我心意得成辦

觀上師心輪放射紅暖光明與自身所顯寂靜金剛瑜伽母妙明淨心印契成紅光聚，融入古魯仁波切心輪無二一味趣入靜慮。於離境相、思惟、言詮之本性中安住。由此起後接誦：

㈦ 迴向

巴登札威喇嘛仁波切　達哥寧加啤美登知拉
具德根本大寶師　安住我心蓮臺上
加真千波果尼節松爹　果松吐杞牙足札杜索
以大恩德垂攝受　廣賜身語意悉地
巴登拉瑪南備他瑪拉　潔枝占羊陸打米借夏
具德上師一切行　剎那不生邪分別
景節陸巴通瓦暮記枝　拉瑪線拉三啦捉巴嗦
善見勝解師所作　願師加持住心間
借嘩根都揚達拉瑪當　札美捉知巴拉龍覺列
生生不離勝上師　妙法吉祥受用具
薩當南吉雍登腊作爹　多傑昌哥果胖李多嗦
地道功德大圓滿　願速證得菩提位

既嘩多宜節俄昆　桑南兒戲作錯線
以是善根使眾生　福德智慧資糧滿
梳擔兒戲雷尙嘩　但巴哥尼多巴梳
從此福慧資糧中　獲得淨妙二佛身
卓昆既嘩節列約巴當　希當線節爹線雪巴岡
已做能做正做等　眾生善業盡所有
桑波吉華登地剎達拉　昆江昆列桑巴兒覺機
依善於彼淨土上　願皆能得普善果
甲巴巴達吉達牽巴當　昆都商波爹喲多幸爹
文殊勇識怎洞察　普賢菩薩亦如是
爹達昆吉知色打羅尖　既華得到譯切杜餓
隨諸菩薩我勤學　此諸善根皆迴向
叫宋薛備叫嘩譚借枝　柯華岡拉秋杜拖巴爹
三時一切如來佛　迴向與何致聖讚

達加旣魚札華得昆江　三波梳雙腊杜柯華枝

我亦將此諸善根　行善事故猛迴向

㈧特別祈願

岡杜節布借嘩譚借杜　拖威容登點敦拖巴梳

無論何方受生得人身　願皆能獲天趣七功德

借瑪拖杜卻當他雀蔣　出線足巴娘王約巴秀

降生人世願即遇佛法　如法修持願身得自在

爹揚喇嘛但巴列傑將　忍當千杜珠拉卻巴梳

再者爲使尊師心歡喜　願能晝夜無分作法行

珠多涅尼寧波敦足爹　切爹捉備講錯家華梳

領悟佛法修證法要義　願於今世超渡世間海

節巴但備捉如東希將　賢噴杜啦租呀美巴秀

於此世間弘揚佛正法　成辦他利願心無憂勞

拉千賢敷秋尼美巴宜　譚切昌接生知拖巴梳

廣行利生事業無偏見　一切有情願同得佛果

此《大圓滿龍欽心髓前行念誦簡編遍智妙道》，是在仁增吉美嶺巴等幾位正士關心下，由守戒的密咒瑜伽師吉美承賴吾色所寫。由此善根，願後來諸衆弟子，猶如眼見歷代上師證得佛果那樣，自悟普賢現前，成爲世間似海衆生不斷受益之因。願一切吉祥，善哉！

吉祥圓滿

國家圖書館出版品預行編目資料

龍欽心髓妙道前行／金剛上師 卓格多傑著. -- 初版. --
新北市：華夏出版有限公司, 2022.02
面； 公分. -- (Sunny 文庫；193)
ISBN 978-986-0799-56-9(平裝)
1.藏傳佛教 2.佛教修持

226.965 110015293

Sunny 文庫 193
龍欽心髓妙道前行

著 作 金剛上師 卓格多傑
印 刷 百通科技股份有限公司
電話：02-86926066 傳真：02-86926016
出 版 華夏出版有限公司
220 新北市板橋區縣民大道 3 段 93 巷 30 弄 25 號 1 樓
電話：02-32343788 傳真：02-22234544
E-mail：pftwsdom@ms7.hinet.net
劃撥帳號 19508658 水星文化事業出版社
總 經 銷 貿騰發賣股份有限公司
新北市 235 中和區立德街 136 號 6 樓
電話：02-82275988 傳真：02-82275989
網址：www.namode.com
版 次 2022 年 2 月初版—刷
特 價 新台幣 450 元 (缺頁或破損的書，請寄回更換)

ISBN-13：978-986-0799-56-9